DORIS HEUECK-MAUSS

Stressfreie
Grundschuljahre

Die neuen Herausforderungen meistern
Konflikte fair lösen

Kinder
verstehen
lernen

humboldt

INHALT

VORWORT

Liebe Eltern und Großeltern,
liebe Lehrerinnen und Lehrer,

wir lernen unser ganzes Leben lang. Das hört nicht auf, wenn wir die Schule, die Berufsausbildung hinter uns haben. Sobald wir Eltern werden, fangen wir damit an, die Grundlagen der Erziehung zu lernen. Als Eltern wollen wir unsere Kinder formen und richtig erziehen – nur wie? Die einen greifen auf altbewährte Rezepte zurück und erziehen so, wie sie selbst erzogen wurden. Andere wollen, dass sich ihre Kinder erst einmal frei entwickeln und wieder andere haben gar keine Konzepte und erziehen heute so und morgen so. Alle drei Methoden werden bald an ihre Grenzen kommen.

„Eltern sein" lernen wir tagtäglich im Umgang mit unseren Kindern. Am Anfang durch Versuch und Irrtum, bis wir dann eine gewisse Routine bekommen – und vor allem Erfahrung.

Kommt unser Kind nun in die Schule, beginnt ein neuer Lebensabschnitt, Eltern und Kind werden vor neue Herausforderungen gestellt. Das nötige Handwerkszeug, um die ersten Schuljahre Ihres Kindes sicher und möglichst stressfrei zu begleiten, bekommen Sie unter anderem durch lernpsychologische Erkenntnisse. Einige davon werde ich Ihnen in diesem Buch vermitteln, aber vor allem geht es darum, Ihrem Kind eine solide Basis für seine Schullaufbahn zu geben. Dazu gehört eine gute Beziehung in der Familie, in der das sozial-emotionale Lernen stattfindet. Ist dieses Fundament stabil, kann das Kind sich auf die Schule konzentrieren, auf das kognitive Wissen, das dort vermittelt wird. Ist dieses Fundament instabil, wird das Kind sich schwerer anpassen können und benötigt mehr liebevolle Hilfestellung.

Jedes Kind hat Begabungen, aber auch Schwächen. Kinder altersgerecht zu fördern ist überwiegend die Aufgabe der Schule. Sie dürfen die Schule und Ihr Kind jedoch positiv unterstützen. Damit dies im richtigen Rahmen und möglichst stressfrei auf beiden Seiten geschehen kann, habe ich diesen Ratgeber geschrieben.

Ihre
Doris Heueck-Mauß

VON DER EINSCHULUNG BIS ZUM ÜBERTRITT

Mit der Schulpflicht beginnt der Ernst des Lebens. „Jetzt heißt es lernen, aus und vorbei mit den Freiheiten", sagen die Großeltern. „Die armen Kleinen dürfen nicht mehr spielen und rumtoben", sagen die Eltern. Das klingt eher bedrohlich, doch Kinder zwischen fünf und sieben Jahren wollen Neues lernen, sie wollen sich mit anderen Kindern messen und fühlen sich in der Gruppe wohl. Mit der Entwicklung seiner emotionalen und kognitiven Fähigkeiten verwandelt sich das egoistische Kleinkind zum sozialen Gruppenkind. Diese biologischen Reifungsprozesse sind genetisch festgelegt und machen ein Kind, unabhängig von kulturellen oder familiären Unterschieden, reif für die Schule.

Schulreif, schulfähig, schulbereit

Ob ein Kind schulreif und auch schulbereit ist, hängt von mehreren Faktoren ab: Wie wurde das Kleinkind in seiner Familie und im Kindergarten gefördert? In welcher sozialen Situation ist es aufgewachsen? Wie ist die Qualität der Beziehung zwischen den Familienmitgliedern, und wie ist das Kind sprachlich und sozial in seine Umgebung integriert? „Das Schulkind" gibt es nicht – immerhin müssen acht bis zehn Prozent aller schulpflichtigen Kinder aufgrund diverser Schwierigkeiten von der Einschulung zurückgestellt werden. Diese Kinder benötigen dann besondere Förderung, weil sie „Spätentwickler" sind, aus einem anderen Kulturkreis stammen oder aus sozial benachteiligten Schichten.

Im Regelfall ist es bereits im Kindergarten aufgefallen, wenn ein Kind in bestimmten Bereichen in seiner Entwicklung verzögert ist. Wirken sich die Beeinträchtigungen auf die Schulfähigkeit des Kindes aus, werden die Erzieher Sie sicher schon darauf angesprochen haben. Dann können Sie Ihr Kind entsprechend fördern und unterstützen.

Sobald ein Kind ins schulpflichtige Alter gekommen ist, bekommt es eine Einladung zur Schuluntersuchung. Diese ist verpflichtend und wird in der Regel von Mitarbeitern des Gesundheitsamtes durchgeführt. Bei dieser Untersuchung werden alle Wahrnehmungsfunktionen und auch die motorische Entwicklung Ihres Kindes getestet. Diese sollten altersgerecht sein, denn feinmotorische Fähigkeiten sind notwendig, um schreiben zu lernen, grobmotorische Fähigkeiten sind wichtig für das Sitzen, die Raumwahrnehmung und das Gleichgewicht. Ein Kind kann nicht lesen und schreiben lernen, wenn es noch nicht ruhig und ausbalanciert sitzen kann oder noch Schwierigkeiten mit der Augen-Hand-Koordination hat. Auch Hör- und Sehschwächen werden oft erst bei dieser Untersuchung entdeckt. In der Regel bleibt danach noch genügend Zeit bis zur Einschulung, um dem Kind mit gezielten Maßnahmen oder Übungen zu helfen.

Für die Schulfähigkeit eines Kindes sind verschiedene Punkte wesentlich:

- die körperliche Entwicklung
- die motorische Entwicklung
- die Wahrnehmungs- und Denkfähigkeit
- die Entwicklung der Sprache
- die Motivation und Leistungsbereitschaft des Kindes
- die Entwicklung von Gedächtnis und Konzentration

Denken und wahrnehmen

Das Denkvermögen Ihres bereits jetzt schon schlauen und neugierigen Vorschulkindes wird sich weiterentwickeln – denn im Schulalter wird Abstraktionsfähigkeit verlangt, um später rechnen zu können. Aber auch die Buchstaben müssen als Symbole erkannt werden und zu einem Wort als Symbol für einen Begriff geformt und zugeordnet werden. Ihr Kind ist nun zu umkehrbaren Denkoperationen fähig.

Dazu ein Beispiel: Das Kind sieht zwei gleich große Gläser mit Wasser. Nun gießt man die Menge des einen Glases in ein anderes Glas, das schmaler und höher ist. Drei- bis Vierjährige meinen jetzt, im hohen Glas sei mehr drin. Schulreife Kinder erkennen, dass sich die Flüssigkeitsmenge trotz äußeren Anscheins nicht verändert hat. Sie können auch mehrere Merkmale eines Gegenstandes betrachten, also wahrnehmen, dass ein Glas höher und dafür schmaler ist, oder dass ein Luftballon groß und leicht ist, ein kleiner Stein dafür schwerer.

Das sieben- bis elfjährige Kind befindet sich in seiner kognitiven Entwicklung auf einer konkret-operationalen Stufe, in welcher der Übergang vom reinen Handeln zum Denken vollzogen wird. Diese neu errungene Denkfähigkeit nennt man „Dezentrierung der eigenen Vorstellungen". Das Kind überlegt und schlussfolgert: Es wurde kein Wasser verschüttet, also muss in dem hohen, aber schmalen Glas genauso viel Wasser drin sein wie in dem kleinen dicken Glas. Seine Wahrnehmung verlässt sich nicht mehr nur auf das Sehen, sondern es beobachtet und denkt nach und begründet logisch. Es beginnt die Dinge kritisch zu hinterfragen und lässt sich von seinen Eltern oder Geschwistern nichts mehr vormachen.

Das Kind kann nun Regeln ableiten, abstrahieren, rückgängig machen, dezentrieren. Es kann Handlungen in Gedanken vollziehen und zu einer Lösung kommen. Es sieht sich nicht mehr als Mittelpunkt der Welt. Es betrachtet und vergleicht die Erwachsenen kritisch, hinterfragt ihre Regeln und Verhaltensweisen und kann sich auch immer besser in das Denken und Wahrnehmen anderer hineinversetzen. Es wird ein vernünftiges Kind!

Sprechen und verstehen

Da im Unterricht das wichtigste Medium die Sprache ist, muss Ihr Kind gut sprechen und zuhören können. Sein Sprachwortschatz sollte altersgerecht sein. Kinder, denen viel vorgelesen und mit denen viel geredet wurde – in Erwachsenensprache! –, sind da eindeutig im Vorteil. Kinder, die sich häufig selbst überlassen sind und die viel vor dem Fernseher sitzen, haben eine reduzierte Ausdrucksweise.

Im Rahmen verschiedener Kindergartenuntersuchungen wurde festgestellt, dass jeder vierte Junge und jedes fünfte Mädchen Sprachauffälligkeiten zeigte, ihnen wurde zu einer logopädischen Behandlung geraten. Wird ein Sprachfehler oder Sprachdefizit erst bei der Schuluntersuchung festgestellt, ist bereits kostbare Therapiezeit verlorengegangen. Wird das Kind in der ersten Klasse auffällig und tut sich auch noch mit dem Lesen und Schreiben schwer, wird es schnell als Legastheniker abgestempelt. Eine diagnostische Abklärung ist dann dringend erforderlich, um dem Kind schnellstmöglich helfen zu können.

Der sprachliche Veränderungsprozess von der klein-
kindhaften Sprache zur Sprache eines Schulkindes beginnt
schon ab dem fünften Lebensjahr. Der Wortschatz eines
sechsjährigen Kindes beträgt ungefähr 2 500 Worte, und
es achtet zunehmend darauf, dass der Zuhörer auch den
Inhalt verstehen kann, wenn es etwas erzählt.

Das Gruppenkind

Neben der Schulfähigkeit, bei der vor allem die Fertigkeiten des Kindes beurteilt werden, ist die Schulbereitschaft
ein wichtiger Faktor für die Entscheidung, ein Kind ein-
zuschulen. Denn die Motivation und die Lernbereitschaft
eines Kindes sind von zentraler Bedeutung, wenn es darum
geht, dass das Kind seine Begabung und Fähigkeiten erfolgreich einsetzt. Positive soziale Erfahrungen, Selbstsi-
cherheit, keine Probleme, sich in Gruppen einzugliedern
und natürlich die Lust, in zu Schule zu gehen, lernen zu
dürfen – dies sind Faktoren der „Schulbereitschaft".

Geben Sie Ihrem Kind daher frühzeitig die Gelegenheit, mal Zeit ohne Mama oder Eltern in einer neuen Umgebung zu verbringen. Mit fünf oder sechs Jahren kann
es zum Beispiel bei einer Freundin übernachten, es kann
einen Ausflug mit den älteren Nachbarskindern machen
oder über ein Wochenende mit dem Sportverein wegfahren. Ihr Kind sollte mit sechs Jahren in der Lage sein, neue
Kontakte zu knüpfen, zu anderen Eltern oder Kursleitern

Vertrauen aufzubauen und so einen Tages- oder Übernachtungsausflug ohne Heimweh zu meistern.

Kann es sich gut in eine neue Gruppierung einfügen, eigene Bedürfnisse zurückstecken und sich an die neuen Regeln halten? Wenn ja, dann wird es ihm nicht schwerfallen, sich in eine Klassengemeinschaft einzufügen und sich als Teil der Gruppe zu fühlen, auch wenn die Lehrkraft sich mit anderen Kindern beschäftigt. So hat sich Ihr Kind vom egoistischen Kleinkind zum sozial fähigen Gruppenkind entwickelt.

Gerade für Einzelkinder ist dies oft kein leichter Lernprozess, denn sie sind es gewöhnt, bei den Erwachsenen immer im Mittelpunkt zu stehen. Geschwisterkinder haben da weniger Schwierigkeiten. Auch Kindern in einem offenen Familiensystem – das bedeutet, dass sowohl die Eltern als auch die Kinder viele soziale Kontakte haben – kommen in Gruppen meist gut zurecht. In jeder neuen Gruppe muss jedes Kind erst einmal seinen Platz finden.

Sich in eine Gruppe zu integrieren erfordert Neugierde, Motivationsbereitschaft, abwarten können, sich anstrengen wollen, auch wenn der Erfolg nicht immer gleich eintritt. Wenn das Kind mal etwas falsch macht oder eine Antwort nicht weiß, sollte es den Ehrgeiz entwickeln, nachzufragen und auch bereit sein, zu üben. Das Selbstwertgefühl eines Kindes hängt damit zusammen, was es geleistet, was es gut gemacht hat, es will gefallen und das, was es gelernt hat, auch zeigen dürfen. In der Vorschulzeit sind Lob und Anerkennung eine hohe Motivation, aber Ihr Kind muss auch durch Fehler lernen und sollte nicht gleich aufgeben. Daher sollten Sie es neben all der positiven Zuwendung auch dazu animieren, etwas besser zu machen und nicht alles unkritisch loben und bewundern. Für ein gutes Selbstwertgefühl sollte ein Kind schon vor der Schule erfahren haben, dass es auch ohne Leistung liebenswert ist.

RÜCKSTELLUNG ODER ZU FRÜHE EINSCHULUNG

Manchen fällt es schwer, ihr Kind aus dem beschützenden Elternhaus in den „Ernst des Lebens" zu schicken. „Welchen Einflüssen mag es dann ausgesetzt werden? Da geben wir lieber noch eine Schonfrist", meinen die Eltern. Dann kann es passieren, dass ihr Kind im Kindergarten unterfordert ist und sich langweilt. Später gehört es zu den Älteren und erlebt, wie jüngere Kinder genauso klug sind. Leistungsbetonte Eltern, die bereits ihrem Kindergartenkind das Lesen und Rechnen beibringen und es zu früh einschulen, tun ihrem Kind ebenfalls keinen Gefallen. Die Fünfjährigen haben oftmals noch nicht die geistige Reife und Konzentrationsfähigkeit, die sie brauchen, um längere still zu sitzen und sich zu konzentrieren.

Kinder wollen ihrem Alter entsprechend gefordert sein und gefördert werden, Schonung oder Überforderung bringt sie eher ins Hintertreffen oder in eine Außenseiterrolle – sie sind immer die Kleinsten oder immer die Ältesten. Der Schuleintritt ist der Beginn eines selbstständigen Lebens, in dem sich Kinder eigenständig – nicht mit Hilfe der Eltern – mit ihrer Umwelt auseinandersetzen müssen und auch wollen. Diese neuen Erfahrungen sind auch mal schmerzlich, aber nur so kann Ihr Kind seinen Platz in der Gemeinschaft finden, und nicht durch wohlmeinende Überbehütung, wenn Sie ihm letztlich keine selbstständige Entwicklung und Durchsetzungsfähigkeit zutrauen.

Schulpflicht für die Eltern

„Jetzt ist es mit den Freiheiten vorbei", seufzen Eltern, wenn sie an das tägliche frühe Aufstehen denken und sich nachmittags oder abends über die Hausaufgaben ihrer Kinder beugen. Ja, und spontan wegfahren geht auch nicht mehr, denn nun gilt die Ferienordnung. Neue Pflichten kommen auf die Eltern zu: das Kind pünktlich in die Schule schicken, Entschuldigungen schreiben, Krankmeldungen, Hausaufgabenkontrolle, der Stundenplan hängt für alle sichtbar an der Pinnwand, Taschenkontrollen (schon wieder ein verschimmeltes Pausenbrot), sind die Turnsachen vollständig und die Taschentücher eingepackt? Zur Fürsorgepflicht gehört, dass das Kind ausgeschlafen, gut genährt, sauber gekleidet und frohen Mutes zur Schule geht (nicht fährt, denn Bewegung ist wichtig, Schulkinder sitzen sowieso zu viel!). Nicht zu vergessen: die komplette Schulausrüstung. Dafür gibt es vor der Einschulung und unter dem Jahr Anschaffungslisten. Schluss mit der Individualität – jetzt müssen sich Eltern und Kinder an die neuen Regeln gewöhnen und diese einhalten, auch wenn dies nicht immer Spaß macht. „Ich mag heute nicht in die Schule!" gibt es dann nicht mehr!

Der erste Elternabend, ein weiterer Termin im vollen Kalender. So viele neue Gesichter und Erfahrungen: „Ist die Lehrerin auch nett zu meinem Kind?", „Na, die anderen Eltern haben ja komische Ansichten, hoffentlich findet mein Kind deren Tochter doof." (Sie wird natürlich die beste Freundin.)

Mit dem ersten Schultag beginnt somit tatsächlich für Ihr Kind und Sie, als Eltern, ein neuer Lebensabschnitt. Der Kindergartenbesuch ist von staatlicher Seite zwar erwünscht, steht aber noch im Ermessen der Eltern. Der Schulbesuch ist dagegen eine Pflicht! Ab jetzt ist der staatliche Erziehungsauftrag in der Schule (Artikel 7, Absatz 1 im Grundgesetz) dem elterlichen Erziehungsrecht gleichgeordnet. Das bedeutet für die Eltern, das Kind in eine staatliche Erziehungsobhut zu entlassen. Für das behütete Kind heißt es, sich mutig und offen auf diese neuen Gesellschaftsstrukturen und das Gruppengeschehen einzulassen und sich zunehmend von dem alleinigen elterlichen Einfluss zu lösen. Dieser Loslöseprozess erfährt seinen Höhepunkt dann in der Pubertät.

Engagement ja, Einmischung nein

Aktive Elternarbeit ist an vielen Grundschulen heute erwünscht. Dennoch sollte Ihr Kind in der Schule ohne Sie zurechtkommen. Es will und muss seinen eigenen Platz finden, auch wenn es nicht immer einfach ist. Es möchte seine eigenen Beziehungen knüpfen. Es will mal über die Lehrerin schimpfen dürfen, ohne dass Sie gleich der Frau den Kopf zurechtrücken und Ihr Kind verteidigen. Und es will seine eigenen Erfolge oder Misserfolge erleben und auch Dinge für sich behalten.

Wenn Ihnen als Mutter oder Vater dieser Schritt nicht leicht fällt und sich Gefühle der Angst (schafft mein Kind all die neuen Anforderungen) der Traurigkeit (Abschied von der Kleinkindzeit) oder der Leere (jetzt ist es den ganzen Tag weg, ich bin als Mutter nicht mehr so wichtig) einstellen sollten, dann sprechen Sie darüber mit anderen. Vielleicht mit einem guten Freund, einer Freundin oder mit anderen Eltern, die dieses Loslassen schon geschafft haben, aber bitte nicht mit Ihrem Kind. Auch kompensieren Sie diese Gefühle bitte nicht, indem Sie ständig in der Schule auftauchen und bei allem helfen, auch wenn es nett gemeint ist. In der Elternvertretung aktiv zu sein, am Schulfest den Kuchenstand zu betreuen ist okay. Aber Sie müssen nicht jeden Ausflug begleiten und jede Aufgabe übernehmen.

Freundschaften in der Schule

Die Grundschuljahre verändern die Qualität der Freundschaften. Bis etwa sechs Jahre kann ein Kind schnell der beste Freund oder die beste Freundin sein, weil man gerade so schön miteinander spielt, und am nächsten Tag wird die Freundschaft nach einem Streit „gekündigt", weil man nicht mitspielen durfte. Die Dauer der Freundschaft spielt noch keine Rolle. Es werden zwar bestimmte Kinder bevorzugt und auch eingeladen, Freundschaft ist aber oft noch sehr zweckgebunden. Die Kinder mögen sich oder auch mal nicht.

Mit der Einschulung lernt Ihr Kind sehr viele neue Kinder kennen. In der Klassengemeinschaft werden nun andere Dinge wichtig: Sympathie und gemeinsame Interessen verbinden die Kinder, aber auch sich gegenseitig helfen, den anderen verteidigen und Dinge miteinander teilen.

Ab dem achten Lebensjahr finden Jungen die Mädchen meist blöd. Jungen wollen sich mit ihren Freunden häufig messen, etwas gemeinsam unternehmen, ob Raufen, Bolzen oder Computerspiele. Sie möchten schon im Grundschulalter cool sein. Mädchen wollen sich meist viel erzählen, kuscheln, Geheimnisse austauschen, sich schön machen, und grenzen sich so von den Jungen ab. Doch für beide Geschlechter gilt, dass sie ihrem Freund bzw. ihrer Freundin vertrauen und ihm/ihr Geheimnisse anvertrauen können. Klatsch und Tratsch und Lästern über Dritte gehört dazu. Es bilden sich Mädchen- und Jungencliquen, und wehe, man ist nicht mit von der Partie: Außenseiter können schon in der Grundschule zu Mobbingopfern werden, wenn sie nicht um die Mitgliedschaft kämpfen.

Stark in der Clique

In diesen Cliquen gibt es keine festen Regeln und keine Hierarchie der Mitglieder, es kommen neue hinzu, andere gehen wieder. Noch verbinden gemeinsame Interessen, wie Rad fahren, Fußball spielen, ins Ballett gehen oder mit Barbiepuppen spielen. Die beste Freundin soll übernachten dürfen oder der beste Freund kommt jeden Nachmittag mit nach Hause. Viele Eltern fürchten, ihr Kind könne negativen Einflüssen ausgesetzt werden. „Seit er mit Finn zusammen ist, hat er nur noch Flausen im Kopf und lässt sich nichts mehr sagen." Keine Sorge – Sie als Eltern und die gemeinsame Familienzeit ist Ihrem Kind immer noch sehr wichtig, aber Gegensätze ziehen sich an und so ist Ihr

Sohn von Finn beeindruckt. Nehmen Sie den Freund oder die Freundin Ihrer Tochter ernst. Laden Sie die Kinder zu sich nach Hause oder zum Familienausflug mit ein, dann gelten Ihre Regeln und Sie lernen die Kinder von einer anderen Seite kennen. Bitte versuchen Sie Ihrem Kind niemals die Freundschaft auszureden. Es wird nichts nützen, Ihr Kind wird den Freund oder die Freundin mit Händen und Füßen verteidigen – und nichts mehr erzählen. Also schauen Sie lieber „dem Feind ins Auge" und ermutigen Sie Ihr Kind, sich selbst treu zu bleiben.

Zwischen acht und zehn Jahren und im Übergang zur Vorpubertät können Gruppen auch mal Streiche spielen und Erwachsene provozieren, denn gemeinsam ist man stark! Eltern fallen dann oft aus allen Wolken, wenn sie in die Schule zitiert werden. Doch diese Erfahrungen gehören zu einer normalen Entwicklung hin zu einem selbstständigen Grundschulkind dazu, und auch zum Ablöseprozess. Ihr Kind braucht solche Erfahrungen, um später im Jugendalter selbstkritisch seine Gruppe zu suchen und nicht zum „blinden" Mitläufer zu werden.

Wenn eine Freundschaft zerbricht

Großer Kummer kann auftreten, wenn der beste Freund oder die beste Freundin die Freundschaft aufkündigt oder wegzieht. Die meisten Kinder leiden dann sehr, sie trauern oder sind tief gekränkt. Auch Neid und Hass können Kinder genauso empfinden wie Erwachsene. Dann bagatellisieren Sie das Geschehene bitte nicht mit Kommentaren wie: „Es gibt doch noch andere nette Kinder, ich wusste doch, dass Eva blöd ist." Ihr Kind braucht jetzt Trost und viel Verständnis. Wenn es sehr schlimm ist, kann es Symptome wie Schlafstörungen, Appetitlosigkeit, Gereiztheit und Aggression, Lernunwillen oder gar Schulverweigerung zeigen. Dann sollten Sie professionelle Hilfe in Anspruch nehmen.

Balanceakt zwischen Nähe und Distanz

Die Jahre, in denen sich das liebenswerte, abhängige Vorschulkind zu einem vorpubertären Zehnjährigen entwickelt, der lieber mit seiner Gruppe unterwegs als zu Hause ist, kann man als Balanceakt zwischen Eltern und Kind sehen. Es sind zwar ruhige Jahre, aber mit einer enormen kognitiven und emotionalen Entwicklung und einem schleichendem Ablöseprozess auf beiden Seiten. Ihr Kind ist auf der einen Seite noch völlig abhängig von seiner Familie und braucht diese als „sicheren Hafen". Auf der anderen Seite muss es lernen, in der Schule, unter Gleichaltrigen, bunt zusammengewürfelten Kindern und Freunden, für sich Verantwortung zu übernehmen und

Probleme alleine zu lösen. Das ist ein täglicher Balanceakt zwischen Nähe und Distanz.

Im Laufe der Grundschulzeit werden Eltern mehr und mehr darauf reduziert, Taschengeld zu verteilen und das Kind mit Essen und Kleidung zu versorgen. Ansonsten sind sie als Eltern „peinlich", wenn sie ihre Tochter oder ihren Sohn noch wie ein Kleinkind betreuen wollen. Auf Fragen, wie es in der Schule so war, bekommen sie kurze, einsilbige Antworten. Die Kinderzimmertür wird geschlossen und auch im Badezimmer will es jetzt alleine sein. Küsschen gibt es in der Öffentlichkeit auch nicht mehr (peinlich!) – aber bei Kummer ist Mamas Schoß noch gefragt.

Freiheiten lassen und Rückhalt bieten

Das Kind will jetzt groß sein und alles alleine managen. In den Augen der Eltern sieht es aber die Gefahren noch nicht, die das Leben so bringt. Zudem tragen die Eltern auch noch die volle Verantwortung, denn erst mit vierzehn Jahren wird ein Jugendlicher strafmündig.

Doch „nur aus Fehlern lernt man", sagen die Erwachsenen, die sich an ihre eigene Kindheit zurückerinnern. Und weder Überbehütung noch grenzenloses Gewährenlassen machen ein Kind zum selbstbewussten, sozial kompetenten Jugendlichen. Es ist also wichtig, einem Schulkind zunehmend Selbstständigkeit zuzugestehen, auch wenn es mit Risiken verbunden ist. Je früher ein Kind gelernt hat, altersgemäß seine eigenen Fähigkeiten und Grenzen zu entdecken und auszutesten, aus seinen Fehlern und Missgeschicken zu lernen, umso leichter wird es sich behaupten können.

Als Eltern sollten Sie Ihrem Kind vertrauen und es ihm ermöglichen, sich auszuprobieren, doch wenn es nötig ist, stehen Sie ihm selbstverständlich zur Seite. Tauchen Probleme auf, die Ihr Kind nicht alleine regeln kann, ist es wichtig, offen miteinander zu sprechen. Ob das Gespräche mit Ihrem Kind sind, mit den Lehrern oder mit Schulsozialarbeitern. Dafür ist es wichtig, dass das Verhältnis zu Ihrem Kind von Vertrauen geprägt ist.

Wenn Sie sich unsicher sind, welche Freiheiten Sie Ihrem Kind zugestehen können, ist es hilfreich, sich mit anderen Eltern auszutauschen. Vielleicht bekommen Sie dadurch etwas Sicherheit und erlauben Ihrem Kind mehr Dinge. Und auch wenn Sie nicht allem folgen müssen, was andere tun, so sollten Sie auch bedenken, dass sich Ihr Kind vielleicht benachteiligt fühlt, wenn es in vielen Bereichen weniger darf als seine Freunde und Freundinnen.

Die zunehmende Selbstständigkeit und Eigenverantwortung, die Ihr Schulkind entwickelt, entlastet Sie als Eltern und schenkt auch Ihnen wieder mehr Freiheiten und Zeit für sich als Paar. Genießen Sie dies und freuen Sie sich daran, wie Ihr Kind heranwächst.

ALLER ANFANG IST SCHWER

Der erste Schultag liegt schon einige Zeit zurück, die Schultüte ist leer gefuttert, und Ihr Kind hat sich schon mit dem einen oder anderen Kind angefreundet. Dennoch ist der Alltag noch nicht Routine geworden. Es stürmen so viele neue Eindrücke auf Ihr Kind ein. Im Kindergarten war alles vertraut, nun ist alles neu: der Schulweg, die anderen Kinder in der Klasse, der klar geregelte Ablauf in der Schule. Zu Hause heißt es am Abend Schultasche packen, nichts vergessen, die Kleidung herrichten. Mit dem Trödeln im Bad ist es auch vorbei, denn pünktlich ins Bett ist oberste Pflicht – nur ein ausgeschlafenes Kind kann dem Unterricht aufmerksam folgen.

Die ersten Schritte brauchen Zeit

Viele Eltern sind erstaunt, wie leicht den Kindern heute der Eintritt in das Schulleben gemacht wird. Die ersten Wochen werden spielerisch gestaltet, und auch dem Bewegungsdrang der Erstklässler wird noch Genüge getan. Jede

Woche gibt es Platzwechsel, sodass sich alle Kinder näher kennenlernen können, denn ein Gruppenzugehörigkeitsgefühl ist wichtig, damit kein Kind zum Außenseiter wird. Auch die Lehrerin muss ihre Schützlinge erst kennenlernen. Die Kinder, oft aus verschiedenen Kulturkreisen, bringen sehr unterschiedliche Kenntnisse mit. Die einen können schon fließend lesen und etwas rechnen und haben einen exzellenten Wortschatz, andere tun sich noch schwer damit, einen grammatikalisch richtigen Satz zu sprechen, und können wunderbar Blödsinn machen, aber nicht zuhören und ruhig sitzen. Diese Vielfalt ist ganz normal und wird von geduldigen Pädagogen erst einmal mit Spiel und Spaß ausgeglichen. Also bitte nicht enttäuscht sein, wenn Ihr Kind noch nicht lernen muss und mit den kleinen Aufgabestellungen – Hausaufgaben genannt – in zehn Minuten fertig ist.

Die lernpsychologische Erkenntnis, dass nur ein gut motiviertes Kind aufmerksam sein und das Gehörte lernen und umsetzen kann, hat sich in der Grundschule durchgesetzt. Mit bunten Punkten und Sternchen wird belohnt und Noten gibt es in den ersten zwei Klassen auch noch nicht.

Die Autorität der Lehrer anerkennen

Wie auch immer Sie das finden – halten Sie bitte Ihre kritischen Kommentare über die Schule oder die Lehrer Ihres

Kindes zurück, sonst blockiert Ihr Kind und traut sich nichts mehr zu erzählen. Ein Ohr für die großen und kleinen Kümmernisse sollten Sie haben, aber lassen Sie das Kind anfangen zu reden und wenn es erst abends im Bett anfängt, hören Sie aufmerksam zu und geben Sie möglichst keine abwertenden Kommentare: „Na, da hast du aber eine blöde Lehrerin erwischt" oder „Musst dich halt anpassen, mussten wir auch, Schule ist kein Honiglecken". Damit tun Sie Ihrem Kind keinen Gefallen. Nach solchen Bemerkungen wird es garantiert schlecht einschlafen, kriegt plötzlich Bauchweh und kann morgens nicht in die Schule gehen!

Generell sollten Eltern die Schulerfahrungen ihres Kindes weder dramatisieren noch lächerlich machen. Schule und Lehrer sind Autoritäten, so wie es Eltern und andere Erwachsene auch sein sollten. Als Eltern müssen Sie also den Beziehungsaufbau zwischen Ihrem Kind und den Pädagogen unterstützen und nicht deren Autorität untergraben. In der Regel betreut ein und dieselbe Lehrkraft die erste und zweite Klasse, manchmal bleibt die Klassenlehrerin auch vier Jahre in einer Klasse. So ein Beziehungsaufbau braucht Zeit, denn noch vierundzwanzig andere Kinder wollen der Lehrerin gefallen. Vor allem am Anfang lernen Erstklässler für ihre Lehrerin und wollen ihr Lob. Gibt es nach den ersten sechs Wochen immer noch Probleme, sollten die Eltern zusammen mit der Lehrkraft und dem Kind nach Lösungen suchen – miteinander, nicht gegeneinander!

INTERVIEW MIT EINER GRUNDSCHULLEHRERIN – WIE ERLEBEN DIE LEHRER DEN SCHULEINTRITT?

Die ersten Wochen in der Schule – 25 Einzelwesen sitzen in den Bänken. Die Erstklässler kommen mit sehr unterschiedlichem Vorwissen, einige können bereits lesen und schreiben, andere verstehen kaum Deutsch. Es ist ein großer Balanceakt, da für einen individualisierten Unterricht nicht genug Lehrer zur Verfügung stehen. Positiver sind Ganztagsklassen, da hier zusätzliche Lehrerstunden eingeplant sind!

Einige Schüler sind anfangs sehr ängstlich, andere direkt forsch, das pendelt sich aber nach ein paar Wochen recht schnell zum sozialem Miteinander ein.

Manchen Eltern der Erstklässler fällt es schwer, ihr Kind an der Schultür zu verabschieden. Sie wollen es am liebsten bis ins Klassenzimmer begleiten und dort wieder abholen. Für die Kinder ist das problematisch, da die Erstklässler nicht selbstständig werden können und keine Kontakte nach der Schule knüpfen können. Für die Lehrer ist eine permanente Präsenz der Eltern vorm Klassenzimmer mühsam, da diese Gespräche „zwischen Tür und Angel" Zeit kosten – Zeit, die eigentlich den Kindern gehört! Sie wollen ja auch schon schnell etwas erzählen oder fragen. Außerdem sind die Lehrer morgens nicht auf ein Gespräch vorbereitet. Diese Überfallgespräche kommen auch in den höheren Jahrgangsstufen immer wieder vor. Eine vereinbarte Gesprächsstunde ist einigen Eltern eben zu zeitaufwendig oder es brennt ihnen etwas unter den Nägeln.

Das Lernen lernen

Schon kleine Kinder lernen über alle Sinne. Alles, was sie greifen und untersuchen können, ordnen sie ein unter fremd oder bekannt und begreifen es allmählich. Sie lernen über zuhören und nachsprechen, durch ausprobieren, oft über den ganzen Körpereinsatz, durch riechen, schmecken und spüren.

Dieses praktische Lernen oder ganzheitlich-sinnliche Lernen wenden auch noch sechs- bis siebenjährige Kinder an, denn das abstrakte Denken und theoretische Lernen schaffen sie erst mit acht Jahren. Der Lehrplan in der Grundschule, vor allem in den ersten zwei Klassen, ist so angelegt, dass praktisches Lernen in jedem Fach möglich ist, aber auch fächerübergreifend. Viele Projekte verbinden das ganzheitliche Lernen mit dem sozial-emotionalen Lernen: einen Schulgarten anlegen, das Klassenzimmer gestalten, Wandertage, ein Biotop anlegen, Theater- und Musikaufführungen. Denn hier kann jedes Kind, egal ob Überflieger oder Spätzünder, etwas beitragen. Gerade in der ersten Klasse ist auch die Mitarbeit der Eltern erwünscht, sodass Sie ebenfalls von solchen Aktionen profitieren und sowohl Ihr Kind als auch die Schule von einer anderen Seite kennenlernen werden.

Um das Lernen zu lernen, muss sich Ihr Kind einige Lern- und Arbeitstechniken aneignen. Dazu gehört die

Organisation des Arbeitsplatzes, die Zeitplanung, und vor allem ist es wichtig, dass Ihr Kind seinen individuellen Lerntyp herausfindet. Je eher Ihr Kind in der Lage ist, selbstständig zu lernen, desto weniger Stress wird es bei den Hausaufgaben geben, die es über seine gesamte Schullaufbahn begleiten werden.

Ein Platz nur zum Lernen

Für seinen Arbeitsplatz benötigt Ihr Kind noch keinen eigenen Schreibtisch, Sie können aber auch einen anschaffen, wenn Sie mögen. Wichtig ist, dass Ihr Kind immer an einem bestimmten Platz arbeitet, der mindestens 100 mal 60 Zentimeter groß sein sollte. Lernen ist Konditionierung. Immer wiederkehrende Rituale, bestimmte Plätze oder Gewohnheiten helfen, sich zu konzentrieren. Beliebt sind der Küchentisch, der Wohnzimmertisch oder der Schreibtisch vom Papa – doch da gibt es zu viel Ablenkung! Suchen Sie zusammen mit Ihrem Kind schon vor der Einschulung einen Platz, der später der „Hausaufgabenplatz" wird, wo das Kind ungestört arbeiten kann.

Zum Lernen gehört es auch dazu, dass Ihr Kind es mal für 20 bis 30 Minuten ohne Mama, essen und trinken, Musik hören oder Geschwisterkind, das so gerne spielen will, aushält. An diesem Platz werden nur die Aufgaben erledigt, es wird nicht gespielt oder gegessen! Nur so kann eine positive Konditionierung erfolgen. Der Zahnputzbecher steht ja auch nicht im Wohnzimmer und die Hausschuhe stehen nicht in der Küche.

Zeitplanung: „Feste Lernzeit – beste Lernzeit"

Wenn Ihr Kind seine Hausaufgaben zu Hause macht, planen Sie dafür eine feste Zeit ein. Im Durchschnitt zeigt unser Hirn die beste Aufnahmefähigkeit zwischen 8 und 12 Uhr (Schulzeit) und zwischen 15 und 18 Uhr. In diesen Zeiträumen findet ein Leistungshoch statt. Eine gute Zeit für die Hausaufgaben ist also von 15 bis 15.30 Uhr. Danach hat Ihr Kind noch genug Zeit, mit Freunden zu spielen, in den Sportverein zu gehen oder sich anderweitig zu beschäftigen. Nach 18 Uhr und vor 15 Uhr wird das Lernen nicht effektiv sein. Kinder sind dann müde vom Essen oder Spielen, sind schlecht motiviert, fangen an zu trödeln, lenken sich ab und machen viele Fehler.

Allerdings sind die Kinder nicht alle gleich. Der eine Erstklässler will am liebsten sofort, noch vor dem Mittagessen, seine Hausaufgaben machen, andere wollen erst nach dem Spielen gegen Abend an den Schreibtisch. Auch werden viele Kinder bereits in der ersten Klasse bis nachmittags in der Schule betreut – sie haben am Nachmittag, wenn sie abgeholt werden, ihre Hausaufgaben schon erledigt. Sie müssen nur manchmal, meist projektbezogen, zu Hause etwas tun, und erst aber der dritten oder vierten Klasse müssen sie zusätzlich am Nachmittag arbeiten, zum Beispiel Vokabeln lernen oder Projektarbeiten vorbereiten.

Ob in der Schule oder zu Hause – Kinder sollten nach der Schule Zeit zum Mittagessen haben und danach eine Pause machen. In dieser Zeit können sie sich entspannen, ob sie das beim Spielen, beim Ausruhen oder Lesen tun, hängt vom Kind und von der Situation ab. Zur festgelegten Hausaufgabenzeit schrillt dann ein großer Wecker. Da gibt es keine Diskussion. Nach ein paar Wochen ist auch diese Zeit konditioniert.

Lerntypen: Sehen – hören – handeln

Beobachten Sie Ihr Kind einmal: Wie hat es bisher Neues aufgenommen? In der Lernpsychologie unterscheidet man zwischen dem visuellen, dem auditiven, dem motorischen und dem kommunikativen Lerntypen. Die meisten Menschen sind eine Mischform aus allem, dabei ist ein Typ besonders ausgeprägt.

In der Grundschule werden alle Lerntypen zurechtkommen, da noch mit allen Sinnen gelernt und gelehrt wird. Spricht die Lehrerin über ein Thema, wird sie dazu eine Zeichnung machen, ein Bild zeigen oder einen Tonträger einsetzen. Spätestens ab der zweiten Klasse sollte sich ein Kind, gemäß seinem Typ, selbst die Hilfen geben: Der visuelle Typ unterstreicht den Text, malt ein Bild dazu. Der auditive Typ liest sich selbst laut vor und wiederholt das Gelernte laut. Der motorische Typ darf mit den Armen oder Füßen, also in Bewegung rhythmisch lernen, sich Modelle basteln. Kleine Kinder beschreiben zum Beispiel die Größe eines Gegenstandes immer mit Armbewegungen. Der kommunikative Typ lernt in der Gruppe, spricht mit anderen über die Themen oder erklärt einem Familienmitglied, was es gelernt hat.

Lesen und schreiben lernen

ABC-Schütze ist ein wunderbar altmodischer Ausdruck für die Erstklässler. Die Großelterngeneration erinnert sich noch an große Klassen, lederne Tornister, in denen sich eine Schiefertafel, Kreide und eine Lesefibel befanden. An der Seite hingen ein Schwamm und ein Läppchen. Ab dem ersten Schultag übten die Kinder Buchstaben, und die Kreide quietschte so schön über die Tafel. Falsches wurde weggewischt, bis ein Grauschleier über der Tafel lag.

Heute bekommen die Kinder ab der ersten Klasse vorgefertigte Arbeitsblätter, Buchstaben-Hufeisen und dürfen sich beim Schreiben lernen Zeit lassen. In manchen Grundschulen wird schon mit Laptops gearbeitet. Das ist verfrüht sagen die Kritiker, da die Motorik für das Schreibenlernen im Sinne des ganzheitlichen Lernens wichtig sei.

Textverarbeitungsprogamme sorgen mit ihrer Korrekturfunktion für einen einigermaßen fehlerfreien Text. Gerade für Linkshänder oder Kinder mit einer Lese-

Rechtschreib-Schwäche sei das von Vorteil, sagen die Befürworter. Nachteile: Kinder zwischen sechs und acht Jahren lernen noch ganzheitlich mit allen Sinnen. Die Buchstaben sehen, tasten, in der Luft ein O nachfahren, mit Fimo Buchstaben und Zahlen formen, mit einem Stift auf Papier schreiben – diese Erfahrungen prägen sich viel besser ein als nur tippen und sehen.

Viele Erstklässler können schon einige Wörter richtig lesen, vor allem Wörter, die sie immer wieder in der Werbung oder auf Lebensmitteln sehen. Sie erkennen einzelne Buchstaben oder das ganze Wort und „lesen". Das nennt man „Als-ob-lesen". Sie lernen zunächst das buchstabenweise Erlesen eines Wortes und begreifen erst nach und nach seine Bedeutung. Das kostet Ihr Kind enorme Anstrengung und Geduld – aber Übung macht den Meister. Diese Geduld wird auch Ihnen als Mutter oder Vater abverlangt, wenn Ihr Schulkind sich anfangs schwer tut. Für Sie ist ja alles vertraut. Haben Sie nicht die Zeit oder Geduld, mit Ihrem Kind zu lesen, gibt es vielleicht einen Großelternteil oder eine nette Nachbarin. Gerade bei Eltern, deren Muttersprache nicht Deutsch ist, wäre so eine „Lesetante" wichtig. Auch ein älteres Geschwisterkind, das gerne liest, kann dem Erstklässler zuhören.

Das gemeinsame Vorlesen, schon vertraut aus der Vorschulzeit, kann jetzt übergehen in das gemeinsame Lesen, bis Ihr Kind Ihnen etwas vorliest. Die Schlagzeilen der

Zeitung, eine spannende Geschichte, dazu die Nähe von Mama und Papa – all dies motiviert Ihr Kind, sich anzustrengen. Es ist dann mächtig stolz, wenn es „richtig" gelesen hat und dafür Anerkennung bekommt.

Vor 1980 mussten die Erstklässler alle mit einer Lesefibel lernen, und zwar im vorgeschriebenen Zeitplan. Heute achten die Pädagogen und Eltern darauf, dass das Lernangebot und Lerntempo der Leistungsstufe des Kindes entspricht, um es weder zu unterfordern noch zu überfordern. Die Kinder sollen Spaß am Lesen haben und möglichst bald den Sinn des Textes oder der Wörter erfassen, statt an den einzelnen Buchstaben zu „kleben". Den Text „dekodieren" nennen das die Pädagogen. Nur so lernen Kinder in den weiterführenden Klassen den Inhalt eines Textes zügig zu erfassen.

Beim Lesen- wie beim Schreibenlernen sollten Sie Ihrem Kind sein Tempo lassen. Schauen Sie Bilderbücher, Liedertexte und Reime zusammen an, lassen Sie sich Geschichten von Ihrem Kind erzählen. Lassen Sie Ihr Kind kleine Zettel oder Briefchen schreiben. Ständiges Korrigieren mit negativer Zuwendung „Falsch, das heißt doch ..." blockiert Ihr Kind eher. Ermutigen Sie es: „Schau noch mal genau hin, hör genau hin, heißt das wirklich so?" Sie können ein falsch gelesenes Wort auch ruhig wiederholen und richtig aussprechen, dabei versuchen, entspannt zu bleiben.

Der ABC-Schütze muss aber auch heute noch, wie anno dazumal, das ABC lernen, um später lesen und schreiben zu können. Ein „Buchstabenhaus" oder ein „Buchstabenhufeisen" über dem Arbeitsplatz gibt Ihrem Kind den täglichen optischen Anreiz, sich die großen und kleinen Buchstaben einzuprägen, so wird das ABC spielerisch gelernt. Sitzen Sie am PC, darf es auch hier die Buchstaben suchen und Worte schreiben. Daraus werden schnell kleine Nachrichten.

Lernkonzepte

Ob schreiben oder rechnen – die Methoden, mit denen die Kinder heute lernen, sind mit den früheren nicht zu vergleichen.

„Lesen durch Schreiben"

In Deutschland gibt es von Bundesland zu Bundesland unterschiedliche Konzepte für die Vermittlung des Schreibenlernens. In den 1980-Jahren – das Zeitalter der Reformpädagogik – wurde die gute alte Schreib- und Lesefibel verbannt und neue Konzepte wurden ausprobiert und übernommen. Vor allem die Methode „Lesen durch Schreiben" des Schweizer Pädagogen Jürgen Reichen verbreitete sich schnell bundesweit. Er war der Meinung, jedes Kind könne sich selbst in seinem eigenen Tempo und mit Hilfe von Anlauttabellen und Buchstabentoren die Schriftsprache erarbeiten. Alle Wörter würden aus Lauten zusammengesetzt, die könnten die Kinder in Buchstaben umsetzen – wie sie diese Wörter schreiben, sei erst mal egal. Rechtschreibregeln wurden frühestens Ende der zweiten Klasse eingeführt.

Viele Eltern waren damals entsetzt über das Kauderwelsch ihrer Kinder. Sie versuchten sie zu korrigieren, doch genau das sollten sie nicht tun. Laut Reichen würden sie damit den Kindern die Freude am Lernen nehmen.

Die Marburger Studie von 2002 zum Thema Rechtschreibung bestätigte dann die Befürchtungen vieler Eltern. „Hilfe, mein Kind kann in der vierten Klasse immer noch nicht fehlerfrei schreiben, es soll doch den Sprung aufs Gymnasium schaffen." Rechtschreibung wurde Schlechtschreibung! Was gut gemeint war und spielerisch sein sollte, endete in Stress für Eltern und Kinder. Denn haben sich Fehler erst mal eingeprägt, kostet es Zeit und Mühe, diese wieder abzutrainieren. Dafür gibt es im Gymnasium keine Zeit mehr, und Kinder geraten schnell unter Druck. Eltern gingen auf die Barrikaden, Pädagogen, Linguisten und Hirnforscher plädierten massiv: „Lesen lernen durch Schreiben muss verboten werden!"

Heute hat sich die Kritik gegen diese Methode verfestigt. Nur noch jeder fünfte Neuntklässler beherrscht einigermaßen sicher die Orthografie. Studien zeigen, dass Kinder, die mit der Fibel gelernt haben, im Durchschnitt bei 100 Wörtern 5 Fehler haben, dagegen haben Kinder, die schreiben durften, wie sie sich es dachten, bei 100 Wörtern 68 Fehler! Das sollte uns wirklich zu denken geben. Auch wurden deutlich mehr Kinder als rechtschreibschwach eingestuft (23 Prozent), wenn sie nach der Methode „Lesen durch schreiben" gelernt hatten, während es bei den Kindern, die mit der Fibel lernten, nur 5 Prozent waren.

Kinder, die nicht richtig schreiben lernen, werden in ihrer weiteren Schullaufbahn benachteiligt sein. Gegenargumente wie „Schreiben stirbt doch aus im Zeitalter der PC und Smartphones" greifen daher nicht. Richtiges, schnelles Lesen kann nur gelernt werden, wenn die Rechtschreibung beherrscht wird, und das erfordert Übung und ständige Wiederholungen. Tut sich ein Kind mit der Orthographie schwer, wird Lesen und Schreiben immer mehr vermieden und die Bildung verflacht. Lesen und Schreiben sind das Tor zum Wissen!

Das deutsche Alphabet umfasst 26 Buchstaben, mit den Umlauten sind es 30. Mit der Rechtschreibung verhält es sich wie mit dem Erlernen eines Instrumentes: Nur vom Hören und Ausprobieren kann man noch nicht gut spielen. Man muss die Noten erlernen und das Spielen des Instrumentes üben, bis es beherrscht wird. Das braucht Jahre und ist dann abgespeichert, aber wehe, man spielt lange

Zeit nicht mehr, dann geht das Üben von vorne los. Doch zumindest die Noten sind abgespeichert und werden nicht mehr verlernt.

So ähnlich verhält es sich mit dem Schreiben und Lesen, der Orthografie. Die Rechtschreibung soll das Kind in der Grundschule lernen und üben, damit sie so im Gedächtnis verankert ist, dass sie ein Leben lang abrufbar ist.

Seien Sie daher „altmodisch" und achten Sie bei Ihren Kindern auf die Rechtschreibung. Lassen Sie sich viel vorlesen und erzählen, so können Sie Ihr Kind motivieren und vermeiden Probleme auf den weiterführenden Schulen. Sprechen Sie gegebenenfalls mit den Lehrern.

Rechnen lernen

Der Rechenunterricht hat sich im Vergleich zu Ihrer Schulzeit ebenfalls verändert. Stures Kästchenrechnen und die Vermittlung der Mengenlehre mit vielen Plus- und Minusaufgaben wurde ersetzt durch das „aktiv entdeckende Lernen". Es gibt heute viele anschauliche Materialien, die helfen sollen, Rechnen vorstellbarer zu machen. Vorschulkinder lernen mit allen Sinnen. Drei Äpfel und drei Birnen können sie sehen und tasten und verteilen. Sie benutzen ihre Finger, um zu addieren oder zu subtrahieren. Bauklötze kann man so zählen, bis der Turm zusammenkracht. Die kleineren Bausteine erzeugen einen kleineren Turm, obwohl es dieselbe Menge ist wie die großen Klötze im großen Turm. Wer springt weiter in die Sandgrube, Papa oder das Kind – und warum?

In der ersten Klasse steigen Personen in Autos ein und aus. Wie viele Plätze sind frei geworden, wie viele Personen können einsteigen? Gibt es einen Unterschied zwischen der Anzahl der Sitzplätze im Auto und im Bus? Wenn zwei ausgestiegen sind, wie viele Personen sind dann noch übrig? In wie viele Teile muss ich einen Apfel schneiden, damit vier oder sechs Kinder ein Stück bekommen? So lernen Erst- und Zweitklässler spielerisch addieren, subtrahieren, multiplizieren und dividieren. Dieses anschauliche Rechnen hilft auch schwächeren Kindern, sich Zahlen im Kopf vorzustellen und sie zu strukturieren. Abstrahiertes Denken entwickelt sich ab dem neunten Lebensjahr. Noch benötigen Kinder Vorstellungsbilder.

Jedes Kind darf heute in seinem eigenen Tempo lernen und sollte auch zu Hause nicht unter Druck gesetzt werden, wenn das Nachbarskind schon viel weiter im Rechnen ist. Angst, nichts zu verstehen, nicht mit den anderen mitzukommen, blockiert Lernen ebenso wie Zeitdruck. Neurologisch gesehen löst Angst Stress aus und dieser blockiert die rationale, kognitive Seite. Auch Zeitdruck und Vergleiche mit anderen lösen biochemische Veränderungen im Stresssystem aus und hemmen das Lernen. „Nun mach mal voran, dein Bruder hat das viel schneller kapiert ..." ist also kein guter Ansporn. Hat ein Kind erst einmal eine Rechenblockade aufgebaut und glaubt daran, dass es nicht rechnen kann, kann sich diese Einstellung durch das ganze Schulleben ziehen. Als mein Sohn in der fünften Klasse war, sagte sein Mathelehrer zu ihm, als er eine Textaufgabe nicht verstand: „Macht nichts, wir brauchen auch Leute für die Müllabfuhr." Diesen Satz vergaß Ferdinand sein Leben lang nicht. Er schaffte seinen Schulabschluss, Mathematik war und blieb jedoch ein rotes Tuch. Als er sich mit zwanzig Jahren mit Informatik befasste und selbst Programme schrieb, waren wir Eltern völlig überrascht, dass ihm diese Materie gefiel. Was war geschehen? Jetzt konnte er freiwillig und selbstbestimmt lernen und den Erfolg sehen. Wie gerne hätte er nun den Mathelehrer zur Rede gestellt.

Das Einmaleins muss nach wie vor auswendig gelernt werden. Ab der dritten Klasse ist Ihr Kind fähig, die angewandte Arithmetik anhand der Textaufgaben im Rechenbuch durch Abstrahieren zu lösen. Es kann sich durch seine anschaulich erworbenen Lernerfahrungen Größen und Zahlen vorstellen und sie strategisch einsetzen. Fünf Äpfel sind jetzt dieselbe Menge wie fünf Autos, das ist für einen Erstklässler noch nicht zu begreifen. Manche Kinder brauchen etwas länger, bis der „Groschen fällt", aber jedes Kind kann rechnen lernen!

Wenn das Lernen schwer fällt

Schon in der ersten Klasse werden Unterschiede in der Auffassungsgabe, in der Umsetzung des Lernstoffes und im Lerntempo deutlich. Ob ein Kind sich nur schwer tut oder ob es sich um eine Lese-Rechtschreib-Schwäche (LRS), eine Legasthenie oder um eine Rechenschwäche (Dyskalkulie) handelt, kann man in der ersten Klasse noch nicht feststellen. Wenn jedoch trotz guter, individueller Förderung die Auffälligkeiten bleiben, sollte am Ende des ersten Schuljahrs eine professionelle Diagnostik stattfinden und danach eventuell eine spezielle Förderung in Angriff genommen werden.

Lernpsychologen sprechen von „Teilleistungsschwächen", die durch kognitive Defizite verursacht werden. Dahinter können aber auch emotionale oder soziale Ursachen stecken, meist ausgelöst durch familiäre Probleme. Wie schon erwähnt, muss Ihr Kind beim Lesen, Schreiben und Rechnen fähig sein, richtig zu sehen, zu hören und die Augen-Hand-Koordination gut beherrschen, um sich konzentrieren und um die Buchstaben und Zahlen umsetzen zu können. Tritt nun in einem dieser Wahrnehmungsbereiche eine so genannte Teilstörung auf, wird Ihr Kind Schwierigkeiten bekommen und zum Beispiel Buchstaben vertauschen oder die Zahlen verdrehen und sich schwer tun, von links nach rechts zu lesen oder zu schreiben.

Um Ausfälle in diesen Teilbereichen zu diagnostizieren, gibt es Tests, die die Schulpsychologen oder auch der Kinderarzt durchführen können. Tieferliegende Störungen der Sinneswahrnehmung zeigen sich bereits im Vorschulalter durch „Ungeschicklichkeiten" im motorischen Bereich. Eltern und Erzieher meinen dann oft, das wachse sich schon noch bis zur Einschulung aus. Werden Teilleistungsstörungen diagnostiziert, bekommen diese Kinder gezielte Förderung entweder durch Logopädie, Audiometrie oder Ergotherapie. Bewegung sollte unbedingt gefördert werden, da noch viele Erstklässler Probleme mit dem Gleichgewichtssinn und der Körperkoordination oder dem räumlichen Sehen haben. Geeignet sind Ballspiele, Klettern, Tanzen, Ballett und Schwimmen.

Eine sinnvolle Frühförderung sollte schon im Kindergartenalter beginnen, vor allem in Verbindung mit Bewegung: Abenteuerspielplätze mit Klettergarten, Ferienkurse im Kinderzirkus, Kinder-Judo und Schwimmkurse machen Spaß und fördern die Geschicklichkeit und das sozial-emotionale Verhalten ohne Druck. Bewegungsmangel und passiv vor der Glotze sitzen lässt Kinder leicht zu Außenseitern werden. Übergewichtige und körperlich ungeschickte Kinder werden oft zum Gespött der anderen. Kommen dann noch Lernschwierigkeiten hinzu, geben diese Kinder schnell auf, da ihr Selbstwert bereits sehr niedrig ist. Sie bezeichnen sich dann selbst als „dumm" und glauben daran. Spätestens jetzt sollte Hilfe in Anspruch genommen werden, sowohl für das betroffene Kind als auch für die Familie.

Richtig Hausaufgaben machen

Bei dem Thema Hausaufgaben und ob diese sein müssen, scheiden sich die Geister. Eltern sehen ihre Kinder mit rauchenden Köpfen über den Hausaufgaben und sich selbst in der täglichen, leidigen Pflicht, diese zu kontrollieren und ihrem Kind helfen zu müssen.

Tatsache ist: Trotz spielerischen Lernens in den ersten beiden Schuljahren und pädagogisch wertvoll aufbereitetem Unterricht bekommen auch heute Kinder Hausaufgaben auf. Diese dienen zur Nachbereitung und Vorbereitung des Unterrichts, zur Vertiefung des Gelernten und vor allem zum Üben. Das Erlernte soll vom Kurzzeit- in das Langzeitgedächtnis sinken, wo es dann jederzeit abrufbar sein sollte. Vorbereitung bedeutet auch, dass Ihr Kind alleine oder mit der Gruppe Materialien sammelt, Beobachtungen durchführt, Erkundigungen einholt. Das kostet Zeit, macht aber Spaß, und Eltern sollten ihrem Kind zutrauen, diese Aufgaben alleine durchzuführen. Diskussionen über den Sinn einer Aufgabenstellung sollten Sie mit

Ihrem Kind vermeiden. Finden Sie die Hausaufgaben unnötig oder blöd, weil diese vielleicht Ihren Nachmittagsplan durchkreuzen, untergraben Sie nicht nur die Autorität der Lehrkraft, sondern demotivieren zusätzlich Ihr Kind. Auch Anpassungsfähigkeit will gelernt sein.

Hausaufgaben muss Ihr Kind während seiner gesamten Schulzeit machen. Es wird mit den Jahren mehr werden und der Zeitaufwand wird sich erhöhen. Daher ist es so wichtig, dass Ihr Kind vom ersten Schultag an lernt, die Hausaufgaben zu erledigen, auch wenn tausend andere Sachen gerade wichtiger wären oder es einfach keinen Bock hat.

Wie beschrieben, ist es sinnvoll, eine feste Zeit für die Hausaufgaben zu vereinbaren. Motivation spielt eine große Rolle und diese wird durch einen übersichtlichen Arbeitsplatz, durch eine bestimmte Anfangszeit begünstigt. Bei einem gemeinsamen Mittagessen kann Ihr Kind zu Hause ankommen, dem Leistungstief gleich nach dem Essen mit Entspannung oder Bewegung begegnen. Die ausgemachte Uhrzeit, am besten 15 Uhr, sollte dann der Arbeitsbeginn sein.

Erst- und Zweitklässler benötigen ungefähr eine halbe Stunde, vorausgesetzt sie fangen zügig an. Man kann die Zeit auch vertrödeln, indem man Stifte anspitzt oder zum Fenster rausschaut. Da hat sich ein Wecker bewährt, der klingelt, wenn die dreißig Minuten vorbei sind und die Aufgaben erledigt sein sollten. Danach ist Spiel- und Bewegungszeit!

Haben Sie den Eindruck, die Aufgaben sind zu viel für Ihr Kind und es braucht länger, sollten Sie möglichst zügig mit dem Lehrer oder der Lehrerin sprechen. Auf keinen Fall dürfen Sie die Hausaufgaben für Ihr Kind machen, damit es sein Pensum schafft. Die Lehrer sind auf Informationen von Ihnen angewiesen, da jedes Kind nach seinem Tempo lernen und nicht durch Druck oder Misserfolg demotiviert werden soll.

Klare Regeln für Hausaufgaben

- Seien Sie die ersten Wochen für Ihr Kind da. Bei einem gemeinsamen leichten Mittagessen kann es schon mal erzählen, was in der Schule los war.
- Achten Sie auf einen ruhigen, aufgeräumten Arbeitsplatz.
- Machen Sie eine feste Uhrzeit mit Ihrem Kind aus.
- Stellen Sie einen Wecker für die Kontrolle der Arbeitszeit.
- Ihr Kind darf mit einer leichten Aufgabe anfangen, z. B. ein Bild malen.
- Halten Sie sich mit Kommentaren zurück und helfen Sie nur, wenn es etwas fragt.

- Verplanen Sie die Nachmittage nicht mit zu vielen Aktivitäten. Erstklässler brauchen noch viel Zeit, um sich einfach zu bewegen und mit Freunden zu spielen.
- Überfordern Sie Ihren Schulanfänger nicht, Siebenjährige haben noch eine kurze Konzentrationsspanne bei neuen Aufgaben. Unterschätzen Sie nicht, dass Ihr Kind schon einen langen Schulvormittag mit vielen neuen Eindrücken hinter sich hat.
- Hausaufgaben sind für die Kinder, nicht für die Eltern! Trauen Sie Ihrem Kind zu, sie alleine zu erledigen, nur so kann es über Erfolg oder Misserfolg lernen.

Das Zeugnis

Denken Eltern an die Einschulung, kommen oft Erinnerungen an die eigene Schulzeit auf, vor allem an den Notenfrust. Schon seit Jahrzehnten wird über Sinn und Unsinn von Noten gerade in der Grundschule diskutiert.

Seit 1968 gibt es in allen Ländern der Bundesrepublik einen einheitlich geregelten Leistungsmaßstab von Note 1 = sehr gut bis Note 6 = ungenügend. Zensuren sollen den Lernfortschritt für Kind, Lehrer und Eltern sichtbar machen bzw. kontrollieren. Gute Noten sollten als Belohnung erlebt werden und weiterhin anspornen, schlechte Noten sollten das Kind zu mehr Anstrengung motivieren.

Leistungsdruck durch Noten

In manchen Bundesländern ist ein bestimmter Notendurchschnitt entscheidend dafür, in welche weiterführende Schule das Kind nach der vierten Klasse kommt: 2,33 für das Gymnasium, 2,66 für die Realschule, darunter die Hauptschule. Errechnet wird der Durchschnitt aus den drei Hauptfächern Mathematik, Deutsch und Sachkunde. Diese starre Festlegung führt schon ab der zweiten Klasse zu Leistungsdruck, Lern- und Notenstress. In der vierten Klasse werden Kinder zu Einzelkämpfern und alles dreht sich nur noch um den Durchschnitt. Selbst wenn Sie es als Eltern vermeiden wollen, machen sich oft die Kinder untereinander diesen Druck.

Für viele Kinder, die sich mit dem Lernen schwer tun, ist eine schlechte Note gleichbedeutend mit „Ich bin schlecht, Mama und Papa mögen mich nur, wenn ich gut in der Schule bin." Fragen wie: „Welche Note hat denn deine Freundin?" oder gar der Kommentar: „Fürs Gymnasium musst du besser sein als der Durchschnitt" entmutigen das Kind und führen dazu, dass es sich ständig vergleicht. Die Kinder erleben sich als Konkurrenten, sie lernen nicht mehr für das Leben, sondern nur noch für gute Noten. Pauken nannte man das früher und der Lehrer wurde als Pauker bezeichnet, er hatte ja die Pflicht, seinen Schützlingen das Wissen einzubläuen. Strafarbeiten, in der

Ecke stehen müssen und vor der ganzen Klasse bloßgestellt werden hat so manches Kind vor Angst in die Hosen
machen lassen. Diese „schwarze Pädagogik" gehört der
Vergangenheit an, der Notendruck, der Notenfrust sind
jedoch geblieben.

ENTSCHEIDUNG DER SCHULE – NOTEN UND BEURTEILUNGEN

Ab wann es Noten gibt und wie die schriftlichen Beurteilungen gestaltet sind, ist in den Bundesländern unterschiedlich geregelt. Die Länder machen jedoch nur Vor-
gaben, letztlich kann jede Schule selbst entscheiden, wie
sie es handhabt. In den meisten Schulen bekommen die
Kinder ab der dritten Klasse Noten, es gibt aber auch zum
Beispiel in Schleswig-Holstein die Möglichkeit, in der
Grundschule ganz auf Noten zu verzichten.

Auch beim Übergang in die weiterführende Schule unterscheiden sich die Bedingungen in den einzelnen Bundesländern. Es gibt meist eine Schulempfehlung der Grundschule, die jedoch nicht verbindlich ist. Die Eltern können
ihr Kind an der Schule ihrer Wahl anmelden. Ein bestimmter Notendurchschnitt ist zwar erwünscht, ist dieser nicht
erreicht, wird nur in einigen Bundesländern eine Aufnah-
meprüfung verlangt. Grundsätzlich entscheidet die weiterführende Schule darüber, ob sie ein Kind aufnimmt.

Individuelle Beurteilung und Dialog

Heutzutage gibt es eine Schonfrist mindestens in den ersten zwei Grundschuljahren: Statt Noten bekommen die Kindern schriftliche, ausformulierte Beurteilungen. Die Lehrkraft bemüht sich, in Worten Auskunft zu geben über den Lernfortschritt des Kindes in den einzelnen Fächern und beschreibt das Arbeits- und Sozialverhalten, die persönlichen Eigenschaften des einzelnen Schülers sowie seine Stärken und seine Schwachpunkte. Der Lernfortschritt, immer bezogen auf die ganze Persönlichkeit des Kindes, wird damit zwar auch bewertet, aber in einer genauen Beschreibung, sodass der Schüler und seine Eltern gut informiert sind, um gegebenenfalls gezielt üben oder fördern zu können. Der Vergleich untereinander entfällt somit.

Erst- und Zweitklässler sollen individuell in ihrem Tempo lernen dürfen, positive Erfahrungen sammeln, Selbstvertrauen entwickeln, für das spätere Teamwork erleben, wie es ist, miteinander zu lernen, und lernen, sich selbst in ihrer Leistung einzuschätzen. Das Kind soll seine Stärken und seine Schwächen kennenlernen und kooperationsbereit sein, also Hilfen annehmen und sich austauschen. Kreativität wird gefördert und der Bewegungsdrang darf noch ausgelebt werden. Das Grundvertrauen in seine Leistung, sein Selbstvertrauen, die Neugierde auf Neues, ein Sachinteresse und die Leistungsbereitschaft, also freiwillig üben, sollen gefördert werden. Je jünger das Kind, umso wichtiger ist dieser individuelle Maßstab im Wortgutachten. Nicht für die Schule, sondern für das Leben lernen ist somit das Motto in den ersten zwei Grundschulklassen.

So verzichtet beispielsweise seit dem Schuljahr 2014/2015 ein Drittel der staatlichen Grundschulen in Bayern auf Zwischenzeugnisse. Stattdessen gibt es Zielvereinbarungen und Lerngespräche mit dem Schüler, seinen Eltern und den Lehrern. Davor bekommen die Erst- und Zweitklässler Selbsteinschätzungsbögen verteilt. Anhand von vier Smileys – mit lachenden, ernsten, traurigen oder weinenden Gesichtern – bewerten sich die Schüler selbst. Der Fragebogen umfasst knapp fünfzig Themen aus allen Fächern. Lesen sollte der Schüler schon gelernt haben. „Du bist freundlich und höflich." „Du wartest ab, bis du gefragt wirst." „Du schreibst in Schreibschrift." „Du wendest Plus- und Minusaufgaben bis 20 flexibel an." „Du kannst einen Text wiedergeben und flüssig lesen." Auch die Lehrkraft füllt für jeden ihrer Schützlinge diesen Fragebogen aus. Einige Grundschulen verteilen Lernlandkarten, die die Kinder im Beisein ihrer Eltern zu Hause ausfüllen. Das ist vorbildlich, denn die Kinder fühlen sich ernst genommen. Sie reflektieren ihre Leistung und bewerten sich souverän und ehrlich. Sie lernen für sich und nicht für einen guten Notendurchschnitt.

Lehrer und Schüler können dann ihre Ergebnisse vergleichen und gemeinsam mit den Eltern werden die Einschätzungen ausgewertet und besprochen. Es entwickelt sich ein Miteinander. Der Lehrer nimmt sich für jedes Gespräch eine halbe Stunde Zeit. Für berufstätige Eltern werden sogar Samstage angesetzt. Allen Beteiligten sollten der Respekt und der Lernerfolg des Kindes am Herzen liegen. So könnte Lernen, Lehren und Erziehen wieder Spaß machen und Stress kann vermieden werden. Wenn sich dieses Modell bewährt, könnte es auch auf die dritten und vierten Klassen ausgedehnt werden, damit würde viel Druck und Stress zum Thema weiterführende Schule entfallen!

Bisher wird Ihr Kind aber spätestens in der dritten Klasse Noten erhalten. Diese Benotungen zeigen nur die augenblickliche Leistung. Wie schnell kann Ihr Kind mal Flüchtigkeitsfehler machen und ein Diktat fällt nur befriedigend aus. Das nächste Mal bekommt es wieder eine bessere Note. Null Fehler zu schaffen ist fast unmöglich, also kann es mit einer Zwei zufrieden sein. Ehrgeizige Kinder sind schnell frustriert, wenn sie nur auf eine Eins hinarbeiten, statt mit den unterschiedlichen Aufgaben zurechtzukommen, die eben mal schwerer und mal leichter sind. Noten sollten nur der Lernkontrolle dienen. Sie sollten nicht überbewertet werden. Geben Sie Ihrem Kind die Sicherheit, dass die schulischen Leistungen und deren Beurteilungen nicht alles im Leben sind.

INTERVIEW MIT EINER SCHÜLERIN

Die neunjährige Ricarda ist in der vierten Klasse und steht kurz vor dem Übergang in die weiterführende Schule. Mit ihr wurde ein schriftliches Interview geführt.

Was gefällt dir an der Grundschule?
Die Lehrer, das schöne Schulhaus, der Pausenhof, meine Klasse (mit ein paar Ausnahmen), die Ausflüge und die 100-Jahr-Feier.

Wie erlebst du deine Klassenkameraden, vor allem die Jungen?
Schwer zu sagen, die meisten sind nervig. Aber es gibt auch süße Jungs. Ich habe seit der ersten Klasse einen engen Freund.

Gibt es Mobbing in der Grundschule?
Jein. Manchmal wird das Ärgern oder Ausgrenzen so stark, dass man sagen kann, es ist Mobbing.

Gehst du in eine Nachmittagsbetreuung und kannst du deine Hausaufgaben dort erledigen?
Ja, gehe ich. In den Hort, der direkt zur Schule gehört. Meistens kann ich dort alle Aufgaben machen.

Wie gehst du mit Noten um – sind sie hilfreich oder nerven sie?
Für mich sind Noten wie ein Spiegel, sie zeigen einem, was man verbessern kann. Ab und zu nerven sie, wenn alle danach fragen und man es nicht sagen will.

Wie gehen deine Eltern mit den Noten um?
Sie freuen sich mit mir, wenn die Noten gut sind, und sie schimpfen nicht, wenn nicht. Sie fragen dann, was kannst du verbessern, was ist schief gegangen?

Wie sollten die Eltern ein Schulkind unterstützen?
Nach der Schule die Kinder fragen, ob die Kinder mit den Hausis fertig geworden sind oder ob man sie noch einmal durchgehen soll.

Was wäre ein guter Lehrer, was wünschst du dir als Schülerin?
Mit Witz zu guten Noten zu kommen. Und ohne Druck.

Benützt du PC, Laptop und Smartphone – ab welcher Klasse?
Zur Recherche für Hausaufgaben seit Ende dritter Klasse (Referat) – das Handy überhaupt nicht.

Konntest du bei der Wahl der weiterführenden Schule mitreden?
Ja, ich war dabei, als wir sie ausgesucht haben.

Wie war dein Übertrittszeugnis? Hast du davor den Notendruck gespürt?
Gut, ich war zufrieden, aber eine Note hat mir nicht gefallen. Ja, ich habe einen leichten Notendruck gespürt.

Was ist am schönsten in den Ferien?
Keine Schule, nicht für die Schule lernen, sondern so Sachen entdecken. Neue Sportarten, neue Leute, andere Länder.

ERZIEHUNG UND ELTERLICHE AUTORITÄT

Autorität und Respekt

Die meisten Eltern wollen ihren Kindern gute und verständnisvolle Eltern sein. Kinder sind aber bis zum Schulalter kleine oder manchmal auch große Egoisten. Beim Versuch, die Bedürfnisse und Befindlichkeiten ihrer Kinder zu respektieren, übersehen Eltern gerne, dass auch schon die Kleinen lernen müssen, die Bedürfnisse der Eltern zu respektieren. Mit vier bis fünf Jahren können Kinder Verständnis zeigen, abwarten, ganz gut einschätzen, was Papa oder Mama mögen oder worüber sie sich ärgern. Trotzdem werden sie meinst ihre eigenen Bedürfnisse in den Vordergrund stellen. Werden die Kinder älter, wächst die Erkenntnis, dass sich die Welt nicht nur um die eigene Person dreht.

Respektlosigkeit

Respekt bedeutet eigentlich Rücksicht nehmen. Dafür benötigt das Kind oder der Erwachsene ein gewisses Einfühlungsvermögen, aber auch Selbstbeherrschung, wenn es nicht nach dem eigenen Willen geht, weil es moralische oder auch äußerliche Zwänge gibt.

„Benno, es ärgert mich, dass du immer noch nicht deine Schuhe angezogen hast." Benno will als Vorschulkind aber lieber weiterspielen. Das ist zwar in der Wahrnehmung der Mutter ein unerwünschtes Verhalten, aber noch keine Respektlosigkeit, da das Kind ja nicht absichtlich ein Bedürfnis der Mutter verletzt. Dass diese zum Beispiel pünktlich aus dem Haus muss, ist dem Vorschulkind nicht wichtig, da es noch keinen Zeitdruck verspürt. Weigert sich Benno aber als Schulkind, die Schuhe anzuziehen und mault rum „Lass mich in Ruhe, du bist blöd", dann handelt es sich um eine Respektlosigkeit, denn er weiß sehr wohl, dass seine Mutter und auch er pünktlich aus dem Haus müssen.

Aber auch umgekehrt erfahren Kinder, die sich nicht nach den Vorstellungen der Eltern entwickeln, leider oft elterliche Respektlosigkeiten, indem sie beschämt, kleingemacht, missachtet oder gar misshandelt werden. Diese Kinder leiden unter einem geringen Selbstwert und werden sich, je älter sie werden, entweder durch aggressives, respektloses Verhalten wehren oder sie reagieren ängstlich, überangepasst und werden damit in eine Opferrolle gedrängt.

Die Eltern haben das Sagen

Eltern tragen eine Verantwortung, ihr Kind zu einem gesunden Selbstbewusstsein zu verhelfen. Dies geschieht durch das Vorleben von Selbstbewusstsein und einen achtsamen Umgang miteinander, der Mitgefühl und Respekt fördert. Ein Zusammenleben kann nur mit Regeln, Verboten und Geboten funktionieren, die sowohl die Kinder als auch die Erwachsenen einhalten müssen. Nur so werden die heranwachsenden Kinder ihre Eltern, Lehrer oder andere Erwachsene akzeptieren und deren Rat und ihre Führung respektieren.

Eltern sollten sich darüber im Klaren sein, dass sie für ihr Kind nicht nur ein Vorbild, sondern auch eine Führungsperson sind. Eltern, die von ihren Kindern als Freunde gesehen werden wollen und nicht möchten, dass ihre Kinder Mama oder Papa sagen, weil das ja autoritär sei, übersehen, dass die Familie ein wichtiges Lernfeld für später ist. Es gibt nun mal Strukturen und eine Altershierarchie, an die sich Kinder und die späteren Erwachsenen anpassen müssen. Mit Freunden kann man streiten, sich prügeln, beleidigt sein, die Freundschaft kündigen oder sich versöhnen. Eltern kann man nicht kündigen und man kann sie sich auch nicht aussuchen. Lernen bedeutet auch, sich sozial erwünscht zu verhalten, um in der Gesellschaft nicht zum Außenseiter zu werden.

In der Vorpubertät, zwischen dem achten und zehnten Lebensjahr, wird Ihr Kind entwicklungsbedingt schon mal die elterliche Autorität untergraben, hinterfragen, die Schwächen der Eltern aufdecken und manchmal ganz schön provozieren. Dann heißt es für die Eltern, ehrlich zu reflektieren und mit ihrem Kind offen und fair zu diskutieren. Konflikte dürfen und müssen sein, nur so kann man Konfliktlösungen lernen – eine respektvolle Haltung sollte aber eingehalten werden, auch wenn Ihr Kind mal über das Ziel hinausschießt.

Grundlagen der Erziehung

Erziehen hat viel mit Lernen zu tun: Das Kind soll lernen, welches Verhalten erwünscht ist und welches unerwünscht ist. Die Bewertung des kindlichen Verhaltens ist wiederum abhängig vom Alter des Kindes, von der jeweiligen Situation und vor allem von den Zielen der Eltern und den Zielen des Kindes. Steht zum Beispiel das Verhalten des Kindes den Zielen der Eltern entgegen, kommt es zu Konflikten. Von einem Schulkind erwarten Eltern eine gewisse Einsicht, und dennoch kommt es täglich zu solchen Zielkonflikten. Es handelt sich um Aufforderungs-, Bedürfnis- und Beziehungskonflikte. Diese Art von Konflikt ist normal im familiären und schulischen Zusammenleben.

Entscheidend ist die Art und Weise, wie Eltern mit diesen Konflikten umgehen, also wie sie handeln und wie sie sprechen (sich verhalten). Denn dies steht immer in Wechselwirkung zum kindlichen Verhalten. Diese Erkenntnis ist der Schlüssel zum Schloss der stressfreien Erziehung.

Zuwendung verstärkt Verhalten

Unerwünschtes Verhalten löst Aufmerksamkeit aus. Das Kind wird ermahnt, mehrmalige Aufforderungen erfolgen: „Nun mach endlich", „Wie oft muss ich es noch sagen", bis hin zu Drohungen: „Wenn du nicht, dann …" Sie alle kennen das sicherlich. Es entsteht eine ungünstige Verhaltenskette, denn das Kind antwortet, widerspricht, tut nichts oder schaltet auf taub. Es verhält sich immer noch unerwünscht, bekommt dafür aber ständig Zuwendung, wenn auch negative.

Aus der Lernpsychologie weiß man: Zuwendung verstärkt Verhalten. Negative Zuwendung ist eine Zuwendung und verstärkt das unerwünschte Verhalten! Mutter und Kind schaukeln sich hoch, auf beiden Seiten entstehen negative Emotionen – Stress! Unter Stress kann aber kein neues Verhalten gelernt werden. Je jünger ein Kind ist, desto schwerer kann es seine Emotionen regulieren. Ein Schulkind kann sich wehren und richtig wütend und aggressiv werden. Wenn dann der Elternteil auch seine Emotionen nicht beherrschen oder verbalisieren kann, kommt es zu einem Machtkampf, Verlierer ist meistens der Elternteil. Es wird viel negative Energie verbraucht und die Auseinandersetzung führt selten zum erwünschten Ziel. Beide sind frustriert.

Verhält sich jedoch ein Kind erwünscht, sehen das die Eltern in der Regel als selbstverständlich an und das Kind bekommt dafür keine oder zu wenig Zuwendung. Doch positive Zuwendung auf erwünschtes Verhalten stärkt dieses! Bekommt ein Kind wenig positive Zuwendung, wird es sich so verhalten, dass es Aufmerksamkeit einfordert – es wird sich unerwünscht verhalten. Aufmerksamkeit zu bekommen ist das Grundbedürfnis eines jeden Kindes. Es möchte beachtet, geliebt und anerkannt werden.

Regeln und Grenzen – aber ohne Druck

Schulkinder erleben ihre Eltern verändert: Jetzt gibt es Zeitdruck am Morgen, die Hausaufgaben müssen gemacht werden, Mama oder Papa wollen wissen, was in der Schule los war. Vorher wurde gekuschelt und vorgelesen, jetzt soll es üben, weil die Buchstaben noch so unleserlich sind, es noch nicht flüssig lesen kann, die Schultasche muss gepackt werden, und es muss pünktlich ins Bett. Den Satzanfang „Du musst" bekommt es nun oft zu hören. Wenn Ihr Kind zu sehr unter Druck gesetzt wird und nur noch über seine schulischen Leistungen Anerkennung bekommt, kann es sich plötzlich in anderen Situationen unerwünscht verhalten. Es braucht zwischendurch die Versicherung, dass Sie es lieb haben, ganz unabhängig von Leistung und Erfolg.

Sie als Eltern sollten immer wieder Ihr eigenes Verhalten reflektieren und Druck rausnehmen. Ja, Regeln aufstellen und Grenzen setzen sind wichtig, aber ohne Druck. Auch sollte Ihr Kind die Regeln einsehen und verstehen können. Starre Regeln führen zum Widerstand. Fehlende Grenzen führen zur Herausforderung von Grenzen.

Kinder brauchen klare, durchschaubare Strukturen, Regeln, Rituale und nachvollziehbare Anweisungen, um sich orientieren zu können. Das gibt ihnen Halt und Sicherheit, nur so können sie lernen und sich ausprobieren. Und Ihr Kind sollte vorher wissen, mit welchen Konsequenzen es zu rechnen hat, wenn es die Grenzen überschreitet oder Regeln bricht. Somit hat es eine Wahlmöglichkeit. Natürlich wird es Grenzen ausprobieren und Regeln nicht einhalten, aber dann muss es eben auch die Konsequenzen tragen. Dabei werden unüberlegte Strafen, die aus der Hilflosigkeit der Eltern resultieren, eher unerwünschtes Verhalten auslösen. Oder die Eltern werden inkonsequent und unglaubwürdig, wenn sie merken, dass sie die Strafe „heute darfst du nicht mehr rausgehen" nicht einhalten können, da noch ein Termin ansteht. In den nachfolgenden Kapiteln über Konflikte werde ich ausführlich darauf eingehen.

Unerwünschtes Verhalten vermeiden

Kommt es im Alltag häufiger zu unerwünschtem Verhalten und damit Stress bei Eltern und Kind, ist es hilfreich, die Situationen anhand der folgenden Fragen gezielt zu analysieren:

- Was ist das unerwünschte Verhalten meines Kindes? (Genaue Verhaltensbeschreibung)
- Wie reagiere ich darauf? Welche Art von Zuwendung gebe ich? (Genaue Verhaltensbeschreibung)
- Welches sind meine Erwartungen und Ziele bezüglich des kindlichen Verhaltens?
- Welches Ziel und Bedürfnis hat mein Kind?
- Wo findet das unerwünschte Verhalten statt? (Zu Hause, in der Schule, nur bei der Mutter oder nur beim Vater)
- Wie oft am Tag, in der Woche findet es statt?
- Wann tritt der Zielkonflikt auf? (Tageszeit, Wochentag)
- Wie kommuniziere ich mit meinem Kind? (Du-Botschaft, Ich-Aussagen)
- Was passiert mit meinen Nerven? (Zu viele Aufgaben, Erwartungsdruck, fehlende Unterstützung und Zeit)

DIE VIER REGELN DER KOMMUNIKATION

Um Konflikte zu entschärfen oder sie auch zu vermeiden, haben sich vier Regeln bewährt. Machen Sie sich diese Regeln der Kommunikation zu eigen, sie werden Ihnen in vielen Situationen sehr nützlich sein.

BB-Regel: Bitte statt Befehl

VW-Regel: Wunsch statt Vorwurf

ID-Regel: Ich-Botschaft statt Du-Botschaft

ZD-Regel: Zeit nehmen – Druck vermeiden

Kinder nehmen, wie sie sind

Jedes Kind ist ein eigenständiges Individuum. Es hat das Recht, sich zu entwickeln, seine Fähigkeiten zu entdecken, in seinem Lerntempo zu lernen, sich als Persönlichkeit wahrzunehmen und in seinem Selbstbewusstsein gestärkt zu werden. Es lernt zu seinen Stärken und Schwächen zu stehen. Wir Eltern sind von Geburt an sein Wegbegleiter und sein Steuermann, der dem Kind den Weg zeigt und ihm einen sicheren Hafen ermöglicht. Je älter es als Schulkind wird, desto mehr müssen Eltern lernen, dem Kind jetzt selbst zuzutrauen, seinen Weg aus dem Hafen zu finden. Es wird immer wieder gerne zurückkommen. Es ständig zu lotsen, würde es nicht selbstständig werden lassen. Der Leistungsdruck, den die Gesellschaft auf die Erwachsenen ausübt, sollte nicht schon in den Grundschuljahren auf die Kinder übertragen werden. Sich diesem zu entziehen, ist vor allem für Mütter eine große Herausforderung. Sie fühlen sich voll für ihr Kind verantwortlich und somit auch für seine schulischen Leistungen.

Bekommt das Kind von den Erwachsenen nur noch Zuwendung über seine Leistung, gerät es leicht in eine negative Spirale. Es bekommt das Gefühl, dass es nicht mehr als Person geliebt wird, dass seine Noten wichtiger sind als seine anderen Fähigkeiten. Erschreckend viele Grundschüler stehen offenbar unter diesem elterlichen und schulischen Druck. Er aktiviert das Stresssystem und die Kinder reagieren mit psychosomatischen Beschwerden wie Bauchweh, Übelkeit, Schlafproblemen, Antriebslosigkeit, Rückzug, Nägelkauen und Infektanfälligkeit. Dazu kommen Verhaltensauffälligkeiten, so fangen manche Kinder schnell an zu weinen, andere geben sich auf oder werden aggressiv oder sie reagieren gereizt auf neue Anforderungen. Versagensängste entstehen auf beiden Seiten. Damit es nicht soweit kommt, sollten Eltern mit ihren Kindern und den Lehrkräften im regen Austausch bleiben, das Kind über positive Zuwendung motivieren und bei der Kommunikation die beschriebenen Verhaltensregeln beachten.

Muss Strafe sein?

Schimpfen, Schreien, Klapse, das Kind ohne Essen ins Bett schicken – all dies sind negative Zuwendungen, die das „ungehorsame" Verhalten des Kindes eher noch verstärken. Diese Maßnahmen erfüllen also nicht ihren Zweck. Zudem haben viele Strafen auch negative Nebenwirkungen. Beim Kind kann sich eine Angst vor der strafenden Person entwickeln. Oder es macht zunehmend Schwierigkeiten beim Essen und Schlafengehen, da diese Situationen mit Angst und Ärger gekoppelt sind. Werden Zielkonflikte mit der Sieg-oder-Niederlage-Methode gelöst, gehorcht das Kind zwar aus Furcht vor Strafe bei dem mächtigen Elternteil, bei anderen Personen aber nicht. Es wird vor allem Druck und Frust an die nächstschwächeren Personen weitergeben oder an Tieren auslassen. Manche Kinder zerstören dann Gegenstände, die dem anderen wichtig sind.

Strafe sollte vermieden werden, denn sie stellt den Schluss einer negativ aufgeschaukelten Verhaltenskette dar, meist aufgrund der Hilflosigkeit oder Wut eines Erwachsenen. Das Kind ist emotional aufgewühlt und kann somit kein neues erwünschtes Verhalten lernen, im Gegenteil: Das unerwünschte Verhalten wird gefestigt und neue unerwünschte Zusammenhänge werden gefördert. Es entsteht ein Teufelskreis der Strafe.

Ein Kind kann nur dann erwünschtes Verhalten lernen, wenn es ohne Angst und motiviert mit viel positiver Zuwendung verstärkt wird. Dann kann es sein unerwünschtes Verhalten situations- und altersgemäß wieder verlernen.

In Schulen sind Strafmaßnahmen offiziell verboten. Dennoch wird negative Zuwendung gegeben oder es gibt negative Konsequenzen. Das Kind weiß jedoch, warum es ermahnt oder korrigiert wird. Zudem ist seine Beziehung zur Lehrkraft nicht so eng und emotional wie zu seinen Eltern. Es weiß, dass sein Verhalten oder dass eine schwache Leistung bemängelt und nicht seine Person abgelehnt wird. Ist ein Kind allerdings vom Elternhaus Strafe gewöhnt, hat es Probleme, in der Schule Kritik anzunehmen und wird mit Angst, Aggression oder Lernverweigerung reagieren. Spätestens dann wird professionelle Hilfe von außen notwendig.

So fördern Sie erwünschtes Verhalten

- Verstärken Sie erwünschtes Verhalten sofort positiv.
- Beschreiben Sie Ihrem Kind, welche Verhaltensweisen erwünscht sind.
- Erwähnen Sie unerwünschtes Verhalten nur einmal: „Ich möchte nicht, dass du ...", „Hör bitte auf ...", „Wir haben ausgemacht ..." Gehen Sie nicht mehr auf das unerwünschte Verhalten ein, da es sich sonst verstärkt.

- Einmal „nein" reicht! Einmal rufen genügt! Dann zum Kind gehen und es mit Blickkontakt und Hilfestellung „abholen".
- Geben Sie keine Zuwendung auf kindliches „Nein, ich will nicht ..." oder Schimpfwörter.
- Versuchen Sie im Alltag, Ihrem Kind und Partner wieder mehr positive Zuwendung zu geben, einfach so, ohne besonderen Anlass. Sie werden positive Zuwendung und Verhalten „ernten".
- Wenn es zu einem Zielkonflikt kommt, bleiben Sie sachlich im Ton und sprechen Sie die vermuteten Gefühle und Ziele Ihres Kindes an. Es ist dann viel eher bereit mitzumachen.
- Schauen Sie genau hin, wenn Ihr Kind sich unerwünscht verhält, und unterscheiden Sie: Möchte es Sie provozieren, ist es müde, hungrig oder hilflos?
- Handeln, statt reden: Wenn Ihr Kind zuschlägt, halten Sie die schlagende Hand fest, trennen Sie die Streithähne. Stellen Sie weder Opfer noch Täter zu sehr in den Mittelpunkt.
- Wenn Sie sich über das Verhalten des Kindes ärgern und mit ihm schimpfen, dann bitte die Tat beschreiben, nicht das ganze Kind abkanzeln oder beschämen („Du schon wieder, das ist ja typisch für dich."). Seien Sie nicht nachtragend, und strafen Sie nicht mit Liebesentzug. Sprechen Sie möglichst in Ich-Botschaften.

- Sagen Sie Ihrem Kind, warum Sie sich ärgern oder heute nicht gut drauf sind (Kinder sind schon ab drei Jahre mitfühlend und verständnisvoll). Ihr Kind wird Sie dann in den Arm nehmen und versuchen zu trösten.
- Wenn Ihr Kind „bockt", gehen Sie auf Augenhöhe und versuchen Sie zu erraten, was es gerade bedrückt. Über Schimpfen oder Ausfragen wird es sich noch mehr verweigern.
- Geben Sie klare Gebote und Anweisungen, möglichst positiv formuliert, und bleiben Sie konsequent in der Durchsetzung. Dann sind Sie für Ihr Kind glaubwürdig. Kompromisse dürfen ausgehandelt werden, denn Konsequenz ist nicht Sturheit. Zu enge Grenzen machen unfrei, weite Grenzen helfen dem Kind sich auszuprobieren und sich einzuschätzen.

Alltägliche Erziehungskonflikte sind nicht vermeidbar, da die Wünsche und Bedürfnisse der Kinder und Eltern oft konträr sind. Vorausschauendes Handeln und rechtzeitige Ankündigungen von elterlichen Zielen helfen Konflikte abzubauen oder gar zu vermeiden. Es gibt Bedürfniskonflikte, Aufforderungskonflikte und Regelkonflikte, die man gemeinsam lösen kann. Es gibt aber auch Konflikte, die immer wieder durch das Zusammenleben ausgelöst werden, vor allem Geschwisterstreit. Streit und Lösungsmöglichkeiten finden, gehören zum Familienleben. Das ist die

Schule des Lebens, vor allem wenn Kinder faire Konfliktlösungen erleben und in der Familie danach wieder alles
in Ordnung ist.

Mein Ratgeber „So rede ich richtig mit meinem Kind"
beschäftigt sich ausführlich mit der Wechselwirkung der
Sprache und bringt viele Beispiele, wie Sie mit Ihrem heranwachsenden Kind Konflikte fair lösen können.

**VERHALTEN UND LERNEN –
DIE WICHTIGSTEN REGELN**

Verhalten beeinflusst sich immer wechselseitig.
Daraus entstehen Verhaltensketten.

Es gibt immer einen Auslöser für ein Verhalten.

Kind und Erwachsener haben oft unterschiedliche Ziele:
Es besteht ein Zielkonflikt, der sich meist als Aufforde-
rungs-, Bedürfnis- oder Regelkonflikt zeigt.

Jede Art von Zuwendung verstärkt Verhalten. Positive
Zuwendung verstärkt erwünschtes Verhalten; negative
Zuwendung verstärkt unerwünschtes Verhalten.

TYPISCHE ALLTAGSKONFLIKTE IM SCHULALTER

Aufstehen, sich anziehen, essen, aus dem Haus gehen, aufräumen, Zähne putzen, zu Bett gehen, einschlafen – mein Kind will das alles nicht! Kommt Ihnen das bekannt vor? Gerade bei den alltäglichen Abläufen und Anforderungen an das Schulkind sind Konflikte an der Tagesordnung. Die festen Abläufe sind für ein geregeltes Familienleben unerlässlich, und wenn das Kind nicht mitspielt, kann das die Eltern zur Verzweiflung treiben.

Aufstehen

Sie wecken Ihr Kind morgens liebevoll, und es reagiert mit Gebrüll: „Ich will nicht aufstehen, will weiterschlafen!" „Ich will nicht in die Schule, Schule ist blöd!" Dann folgt der nächste Stress mit Zähne putzen und anziehen. Die Uhr läuft, Eltern und Kind müssen pünktlich aus dem Haus. Aber jetzt wird erst recht getrödelt. Der Tee schmeckt nicht, im Müsli sind zu wenige Rosinen, und es muss noch mal kurz mit der Katze geschmust werden. Der Mutter stehen die Schweißperlen auf der Stirn und das Stimmungsbarometer nähert sich dem Tiefpunkt. Der ganz normale, tagtägliche Erziehungsfrust. Woran liegt das?

Kinder leben noch ohne Zeitgefühl. Sie wollen ihre Grundbedürfnisse wie schlafen, essen und spielen möglichst sofort erfüllen, und sie möchten möglichst viel Aufmerksamkeit. Das gilt für Vorschulkinder wie für Grundschulkinder – nur wird von letzteren nun plötzlich Einsicht und Mitarbeit erwartet. An den engen Zeitplan und Pünktlichkeit muss es sich erst gewöhnen. Aber morgens hat Mama noch anderes zu tun. Sie putzt vielleicht dem Jüngeren die Zähne und das Ältere soll sich schon mal anziehen. Oder sie räumt den Frühstücktisch ab, und der Große soll sich schon mal fertig machen. Kommt sie dann ins Kinderzimmer, findet sie dort ein halbnacktes Kind vor, das ganz vertieft in seinem Buch blättert oder mit Legosteinen an seinem Flugzeug weiterbaut. Für das Kind ist das ganz normal und es wundert sich, warum Mama zu schimpfen anfängt. Es mault zurück, dass es schon alles machen würde, die Mutter drängelt – und schon ist der Streit da.

Dies ist ein typisches Beispiel für einen Teufelskreis von unerwünschten Verhaltensweisen und negativen Zuwendungen. Es handelt sich um tagtägliche Zielkonflikte und überwiegend Bedürfniskonflikte, aber auch Befindlichkeitskonflikte, wenn das Kind müde, hungrig, gereizt, überfordert oder gelangweilt ist. Der eine will spielen, der andere möchte pünktlich aus dem Haus kommen. Mama möchte, dass sich das ältere Kind alleine anzieht, dieses möchte aber genauso bedient werden wie das jüngere Geschwister beim Zähneputzen.

Die negative Verhaltenskette durchbrechen

Um die Verhaltenskette positiv zu beeinflussen, ist es am besten, am Anfang zu beginnen. Also mit den ersten Handlungen, den ersten Sätzen. Zum Beispiel: Die Mutter kommt ins Zimmer, geht zu ihrem Kind, gibt ihm ein Küsschen auf die Stirn und sagt: „Guten Morgen du Schlafbär, raus aus der Höhle, auch wenn es dem Bären schwer fällt. Ich lass jetzt Licht rein und mach schon mal Frühstück." Sie zieht den Rollladen hoch, gibt dem Kind einen Klaps auf die Beine und sagt aufmunternd: „So, raus jetzt!" Danach geht sie zurück in die Küche.

Ein positiver, freundlicher Anfang. Das Kind bekommt keinen Zeitdruck, wird nicht gleich vom hellen Licht überfallen, das Frühstück wird als Motivation erwähnt. Das Kind darf brummen: „Mag nicht aufstehen, mag nicht in dies Schule", doch das beachtet die Mutter nicht und gibt darauf keine Zuwendung. Sie geht nach dem aufmunternden Klaps auf die Beine aus dem Zimmer. Wenn die Mama nicht im Zimmer bleibt, gibt es kein Publikum für einen

Machtkampf. Da Licht im Zimmer ist, wird das Kind nicht wieder einschlafen. Wenn ja, wird es kommentarlos rausgeholt. Steht es auf und geht ins Bad, kommt die Mutter und gibt positive Zuwendung. „Hallo, schön, da ist der Bär schon aus der Höhle, das freut mich." Das wäre eine positive Hilfestellung, die das noch müde und verschlafene Kind jetzt braucht.

Dies mag Ihnen jetzt märchenhaft einfach vorkommen, wo es doch bisher jeden Morgen Theater gab. Vielleicht klappte es auch nicht von heut auf morgen, denn manchmal wollen Kinder ihr altes Verhalten noch beibehalten. Aber Sie sind ja jetzt gerüstet. Jedes Mal, wenn das Kind sich unerwünscht verhält oder Sie provozieren möchte mit „Ich will nicht, ich kann nicht", taucht vor Ihrem inneren Auge ein rotes Stoppschild auf: „Keine Zuwendung auf unerwünschtes Verhalten." Damit hat das unerwünschte Verhalten keine Wirkung mehr. Das ist so, wie wenn ein Segelboot plötzlich keinen Wind mehr bekommt, dann verliert es an Fahrt und segeln macht keinen Spaß mehr.

Dieses Vorgehen funktioniert wunderbar, wenn das Kind morgens müde ist und einfach etwas Zeit zum Wachwerden braucht. Gibt es einen anderen Grund als Müdigkeit, warum Ihr Kind nicht aufstehen will, wird es nicht klappen. Dann sollten Sie mit Ihrem Kind sprechen, um herauszufinden, ob es irgendetwas Belastendes gibt.

Machen Sie sich Gedanken, warum Ihr Kind morgens nicht aufstehen mag. Überlegen Sie, wie Sie den Anfang der Verhaltenskette positiver gestalten können, das wird Ihren gesamten Verlauf beeinflussen. Eltern und Kind gewinnen Energie für erwünschtes Verhalten. Sind wir als Eltern jedoch im Alltags-Erziehungsstress, werden wir oft einseitig und fantasielos. Man nennt das „betriebsblind". So tappen wir täglich in Erziehungsfallen, die negative Verhaltenskette läuft ungebremst ab und wir wundern uns warum Erziehen so schwer ist!

Bewusst handeln und positive Verstärkung

- Sie als Erwachsener geben das Ziel vor, zum Beispiel aufstehen, und handeln dann bewusst. In einer negativen Verhaltenskette regieren Sie nur, das Kind ist für Sie der Auslöser. Dabei sind Ihre elterlichen Aufforderungen der Auslöser für unerwünschtes Verhalten. Befinden Sie sich schon mitten im Wortwechsel, heißt es Stopp: Unterbrechen Sie sofort die Verhaltenskette, indem Sie dem Kind noch einmal sagen, was Sie von ihm möchten. Danach beachten und verstärken Sie nur noch erwünschtes Verhalten.

- Wichtig sind auch die Formulierungen. Nutzen Sie die VW-Regel und formulieren Sie statt eines Vorwurf einen Wunsch: „Ich wünsche mir, dass du jetzt alleine aufstehst, auch wenn du noch müde bist." Mit der „BB-

Regel" formulieren Sie statt eines Befehls eine Bitte: Anstelle von „Steh endlich auf, sonst ..." sagen Sie besser
„Bitte schlage die Decke zurück, ich helfe dir wach zu
werden."

● Wenn ein erwünschtes Verhalten möglichst schnell eintreten soll, geben Sie Ihrem Kind Aufmerksamkeit und
Hilfestellung für dieses Verhalten. Durch die elterliche
Präsenz kann das Kind jetzt „spielerisch" erwünschtes Verhalten zeigen und wird nicht mehr abgelenkt.
Ein Kind, das in ein Spiel vertieft ist, zu etwas auffordern und wieder aus dem Zimmer zu gehen, ist ein sicherer Weg in eine negative Verhaltenskette. Aus einem
anderen Zimmer laut Anweisungen geben, wird nicht
„gehört" und verärgert den Rufenden. Gehen Sie zu
Ihrem Kind hin, stellen Sie Blickkontakt her – „Schau
mich bitte an" – und formulieren Sie das Ziel mit einem
Wunsch: „Ich möchte, dass du dich jetzt anziehst."

Nie kommen wir pünktlich
aus dem Haus

Das Thema Pünktlichkeit setzt uns Erwachsene täglich
unter Druck. Und auch wenn ein Schulkind lernt, die Uhr
zu lesen, so hat es dennoch kein Zeitgefühl und kann nicht
verstehen, warum die Erwachsenen es immer so eilig haben.

Zeitdruck geben Eltern an das Kind weiter: „Mach schnell", „Komm endlich, trödle nicht so, Papa wartet", „Wir erreichen den Bus nicht, wenn du dich nicht beeilst!" Womöglich hat Mama dabei noch das Handy am Ohr, die Schwiegermutter am anderen Ende, und packt mit der freien Hand ihre Handtasche. Beeilt sich Ihr Kind? Nein, das Gegenteil tritt ein. Es verhält sich „unerwünscht", indem es der Aufforderung gar nicht oder nur sehr langsam nachkommt. Druck erzeugt entweder Gegendruck oder „lähmt" das Kind: Wird zu viel auf das Kind eingeredet, geschimpft, gedroht, reagiert es gestresst.

Unser Alltag mit Kindern, Job, Haushalt und all den anderen Anforderungen ist anstrengend. Wir haben zu nichts mehr richtig Zeit und fühlen uns ständig unter Strom, das stresst uns und unser Kind. Stress löst einen biochemischen Prozess im Gehirn aus, der Auswirkungen auf das Verhalten hat und Lernen blockiert. Ist der Stresspegel zum Beispiel beim morgendlichen Aufbruch zu hoch, kommt es zu Flucht-oder-Angriff-Reaktionen. Das Kind „hört" nicht, zieht die Decke über den Kopf, läuft aus dem Zimmer oder schreit „Ich will nicht", wirft die Kleidungsstücke auf den Boden, sich selbst noch dazu, tritt nach der Mama, wirft die Türe zu, benutzt Schimpfwörter. Diese Verhaltensweisen des Kindes sind für die Eltern natürlich unerwünscht. Oft sind sie überrascht über die Heftigkeit – das Trotzalter ist doch schon vorbei! – und das eigene Stresslevel steigt, denn die Uhr läuft ja weiter. Jetzt schaukeln sich beide immer höher auf ihrer Erregungsskala. Sich „erwünscht" verhalten ist somit nicht mehr möglich.

Da heißt es Stopp: Nicht mehr reden (fällt Eltern ungeheuer schwer!), tief durchatmen, bis zehn zählen und dann das Kind in den Arm nehmen! Berührung beruhigt, Worte regen auf. Wenn beide sich beruhigt haben, können Sie Ihrem Kind helfen, sich fertig zu machen.

Kein Zeitdruck und klare Ansagen

- Vermeiden Sie es so weit wie möglich, dass morgens Zeitdruck entsteht. Bauen Sie ein Zeitfenster ein, damit Sie am Morgen auch Ihrem Erstklässler noch Hilfestellung geben können. Suchen Sie gemeinsam (!) die Kleidungsstücke am Abend vorher aus, die Schultasche ist gepackt, der Turnbeutel liegt bereit. Den Frühstückstisch decken Sie schon am Abend, und das Pausenbrot richten Sie vor dem Wecken. Das erfordert Disziplin, es lohnt sich aber.

- Achten Sie tagsüber darauf, Ihr Kind nicht mitten im Spiel mit einer Aufforderung zu überfallen, sondern geben Sie ihm Zeit: „Du kannst noch ein paar Minuten spielen, lesen, dösen, ich stell die Eieruhr. Wenn die klingelt, dann komm bitte zu mir, damit wir uns zum Gehen fertig machen können."

- Sollte das Kind zu langsam sein, dann reden und ermahnen Sie nicht (negative Zuwendung!), sondern helfen ihm, handeln also.

Pünktlich ins Bett

Nur wenige Kinder gehen gerne und freiwillig pünktlich ins Bett. Gerade war es noch so schön mit Mama oder Papa oder der Film ist doch so spannend. Ist das Kind eher eine Nachteule, wird es sicher nicht um 20 Uhr ins Bett wollen. Viele Eltern setzen Kinder auch zu sehr unter Druck, weil sie meinen, ihr Kind müsse zwölf Stunden schlafen, um in der Schule mitzukommen. Doch wie Erwachsene haben auch Kinder ein unterschiedliches Schlafbedürfnis. Es gibt Durchschnittwerte, wonach fünf- bis sechsjährige Kinder elf bis zwölf Stunden Schlaf brauchen, Neun- und Zehn-jährige kommen in der Regel mit zehn Stunden Schlaf aus. Ausnahmen bestätigen die Regel, und wie das bei Ihrem Kind ist, wissen Sie selbst am besten. Wenn es nach acht Stunden Schlaf morgens gut aus dem Bett kommt und tagsüber fit ist, braucht es eben weniger Schlaf.

In jedem Fall verändert sich mit zunehmendem Alter die Abendgestaltung. So soll das Kind zum Beispiel um 20 Uhr im Bett sein, es darf aber noch lesen. Dann wird unterschieden zwischen ins Bett gehen und endgültig das Licht ausmachen.

So schließen Sie den Tag entspannt ab

- Finden Sie heraus, wie viel Schlaf Ihr Kind wirklich braucht. Dann legen Sie gemeinsam fest, wann es ins Bett geht bzw. wann es das Licht ausmacht.
- Halten Sie den abendlichen Zeitplan dann konsequent ein, sonst nimmt Ihr Kind Sie nicht mehr ernst.
- Wenn es bestimmte Gute-Nacht-Rituale gibt, überlegen Sie gemeinsam mit Ihrem Kind, ob Sie etwas daran ändern. Kinder lieben Rituale und achten sehr genau darauf, dass sie von den Eltern eingehalten werden. Aber wenn Sie sich mit Ihrem Kind darüber verständigen, können die Rituale durchaus auch an neue Umstände angepasst werden.
- Sprechen Sie Ihre Bedürfnisse an. „Ich bin jetzt müde und möchte ausruhen, bitte schau dir ein Buch alleine an. Ich stelle die Eieruhr, dann darfst du noch zum Kuscheln kommen."

Aufräumen

„Ja, wie sieht es hier denn aus!?" Dieser typische Satz einer Mutter, wenn sie das Kinderzimmer betritt, ist in jeder Familie fast täglich zu hören. Spielen, bauen, basteln, malen gehört zur täglichen Beschäftigung eines Kindes und sollte gefördert werden. Kinder haben aber ihre eigenen Vorstellungen von Ordnung bzw. haben einfach keine Lust aufzuräumen.

Schulkinder sollten allmählich lernen, dass sie die Verantwortung für ihre eigenen Sachen tragen und sie entsprechend behandeln müssen. Sie sind ja auch für ihre Schulsachen alleine zuständig und müssen sorgsam damit umgehen. Daher ist es ihnen durchaus zuzutrauen, selbst in ihrem Zimmer eine Grundordnung zu halten. Einmal in der Woche wird dann gründlich aufgeräumt, dabei dürfen die Eltern helfen.

Doch die Aufforderung zum Aufräumen wird beim Kind immer erst einmal Widerstand auslösen, denn es hat immer gerade etwas anderes zu tun. Da haben wir einen großen Zielkonflikt. Dieser findet meistens in den Abendstunden statt. Das Essen wartet, das Kind soll pünktlich ins Bett und die Eltern wollen, dass das Kinderzimmer zumindest einigermaßen begehbar ist. Es entsteht Zeitdruck (für die Eltern) und die Kinder sind müde, aber noch nicht bereit, ihr Spiel zu unterbrechen und schon gar nicht, um aufzuräumen.

Es wird garantiert zu unerwünschten Verhaltensweisen kommen (nicht aufräumen wollen), wenn Mutter oder Vater Druck aufbauen. Wie in den meisten Aufforderungskonflikten, sollte schon im Anfang eine Veränderung stattfinden.

So helfen Sie Ihrem Kind, Ordnung zu halten

- Geben Sie Ihrem Kind Hilfestellungen, indem Sie zum Beispiel eine Eieruhr stellen: Noch 10 Minuten darf es spielen, dann heißt es aufräumen. Vielleicht möchte es, dass Sie das Spiel bewundern oder noch ein wenig mitspielen. Wenn Sie im Zimmer bleiben und mit positiver Zuwendung Ansätze zu dem erwünschten Verhalten „aufräumen" unterstützen, wird Ihr Kind willig sein.

- Geben Sie Ihrem Kind konkrete Anregungen. So kommen die Bauteile in die große Kiste, die Bücher werden zurück ins Regal gestellt. Das genügt für den Abend. Auf diese Weise wird die Aufräumarbeit überschaubar für das Kind.

- Einmal die Woche wird gründlich und mit System aufgeräumt. Hier dürfen Sie helfen, das Kind bestimmt und Sie beraten. Sie können auch vereinbaren, dass Ihr Kind in einem bestimmten Zeitraum einen Teil alleine aufräumt, dann kommen Sie dazu und helfen beim Rest. Sie helfen aber nur, wenn es seinen Teil erledigt hat.

- Gibt es Dinge, mit denen Ihr Kind zurzeit nicht spielen mag, kommen diese in eine große Kiste in den Keller. Einmal pro Monat wird ausgetauscht und plötzlich sind diese Sachen wieder attraktiv.

- Auch im Kleiderschrank sollte Ordnung herrschen. Sortieren Sie nur die Kleidungsstücke und Schuhe in den Schrank oder das Regal, die für die Jahreszeit aktuell sind. So bleibt der Schrank übersichtlich und Ihr Kind kann sich seine Kleidung selbst heraussuchen und diese auch wieder einräumen.

● Der Arbeitsplatz Ihres Schulkindes sollte vor den Hausaufgaben leer geräumt sein, damit das Kind sich besser konzentrieren kann.

● Seien Sie ein Vorbild! Ihr Kind bekommt es mit, ob und wie Sie in den anderen Räumen der Wohnung Ordnung halten und regelmäßig aufräumen. Tun Sie das nicht, wird es keine Notwendigkeit sehen, sein Zimmer in Ordnung zu halten.

Mein Kind ist unausstehlich

Ist Ihr Kind gerade „unausstehlich", handelt es sich meistens um Bedürfniskonflikte: „Ich möchte im Mittelpunkt stehen", „Ich möchte geliebt werden", „Ich möchte selbstbestimmt handeln", „Du, Mama, kannst mich zu nichts zwingen". Auf der einen Seite soll Ihr Schulkind immer selbstständiger werden auf der anderen Seite soll es aber Ihre Anordnungen befolgen. Reflektieren Sie Ihr eigenes Verhalten und das des Kindes. Welche Motive könnte Ihr Kind für sein unerwünschtes Verhalten haben? Wie sind gerade Ihre Erwartungen? Sind die Regeln zu starr, sind Sie nervös und dadurch ungerecht?

Sich immer beherrschen, das ist nicht möglich. Sie sind auch nur ein Mensch. Wenn Sie ausrasten und Ihr Kind anschreien oder grob anpacken, dürfen Sie sich aber auch dafür entschuldigen. Erklären Sie Ihrem Kind, welches Verhalten Sie gerade so wütend gemacht hat. Machen Sie deutlich, dass es um sein Verhalten ging, nicht um das Kind als Person. „Du Katastrophenkind!" ist also tabu! Sie dürfen auch Ihrem größer werdenden Kind sagen, dass Sie Sorgen haben und deswegen gereizt oder nervös sind.

Bekommt ein Kind viel Liebe und Anerkennung, losgelöst von Leistungen, sind seine Wünsche nicht grenzenlos, und es muss auch nicht provozieren, um Aufmerksamkeit zu bekommen. Aufmerksamkeit über erwünschtes Verhalten bekommt es ja. Ist die Seele satt, kann das Kind zufrieden lernen, spielen, essen, schlafen und wachsen.

Sie sind nicht der Alleinunterhalter Ihres Kindes. Sie sind nicht dafür zuständig, dass es ständig bespaßt und beschäftigt wird. Auch Langeweile darf sein! Planen Sie nicht so viel. Kinder müssen lernen, sich selbst zu beschäftigen.

Lassen Sie Ihr Kind Sachen ausprobieren, trauen Sie ihm mehr zu, damit es selbstständig und sozial kompetent werden kann. Ab fünf Jahren können Kinder Entscheidungen treffen und sich gut einschätzen. Bieten Sie ihm Wahlmöglichkeiten an, die es nachvollziehen kann. „Von deinem Geburtstagsgeld kannst du dir drei kleine Teile kaufen, oder du sparst bis zum nächsten Taschengeld, dann kannst du dieses große Teil kaufen." So lernt das Kind zum einen den Wert des Geldes kennen und zum anderen abzuwarten. Wenn Ihr Kind sich trotzdem aufführt, sprechen Sie mit ihm über sein Bedürfnis. Machen Sie ihm deutlich, dass Sie es verstehen, seinen Wunsch aber trotzdem nicht erfüllen werden. So fühlt sich das Kind ernst genommen.

TASCHENGELD

Wenn Ihr Kind Interesse daran hat, können Sie ab dem fünften Lebensjahr ein kleines Taschengeld einführen. Aber spätestens wenn das Kind rechnen kann, sollte es Taschengeld bekommen, um zu lernen, mit Geld umzugehen. Das Deutsche Jugendinstitut empfiehlt, ab der Einschulung wöchentlich einen Betrag von 1,50 bis 2 Euro zu zahlen, der Betrag erhöht sich pro Jahr um 50 Cent. Ab zehn Jahren sollte das Geld monatlich ausgezahlt werden.

Wie Sie es in Ihrer Familie handhaben, ist Ihnen überlassen. Umfragen zufolge bekommen manche Kinder erst ab der fünften Klasse Taschengeld, manche bekommen gar keins. Was Sie Ihrem Kind geben, richtet sich natürlich nach Ihrer persönlichen Situation. In jedem Fall sollten Sie klären, wofür das Taschengeld ausgegeben werden soll bzw. darf. Beispielsweise werden Stifte, Hefte etc. für die Schule von den Eltern gekauft, wenn das Kind sie aber verbummelt, muss es selbst für Ersatz sorgen.

Wenn Geschwister sich streiten ...

Eltern können ein Lied davon singen, wie anstrengend Familienleben sein kann, wenn sich die Geschwister ständig streiten. Gute Ratschläge wie: „Misch dich nicht ein, die regeln das schon untereinander" können die wenigsten Eltern einhalten, wenn es im Kinderzimmer kracht und einer wie am Spieß schreit. Vielmehr wird die Tür aufgerissen und gebrüllt: „Was ist hier schon wieder los, könnt ihr nicht mal friedlich spielen?" Dann war immer der andere schuld, und die Eltern sind jetzt voll in den Streit verwickelt. Wenn sie zu schlichten versuchen, wird ein Kind zum Verlierer oder zum Bösen und wird sich zurückgesetzt fühlen, während das andere triumphiert. Und sobald die Eltern das Zimmer verlassen, bricht der Streit von neuem aus.

Konkurrenz unter Geschwistern ist normal

Geschwister sind ständig in Konkurrenz um die Liebe und Aufmerksamkeit der Eltern, aber auch um die Anerkennung ihrer Leistungen. Geschwister sind ungefähr die Hälfte ihrer Zeit im Clinch. Wer ist der Bessere – Schulkinder vergleichen ihre Leistungen –, der Liebere, der Klügere? Kleine Kinder provozieren sich eher, nehmen sich etwas weg, wollen genau mit demselben Spielzeug spielen oder stören sich gegenseitig beim Essen. Bei Kindern ab sechs Jahren geht es vor allem um Macht, Durchsetzungsvermögen und Entscheidungsbefugnis. Der Erstklässler fühlt sich nun dem Kindergartenkind gegenüber weit überlegen und demonstriert dies auch.

Geschwister, ob Junge oder Mädchen, wollen sich messen, Macht ausüben, da geht es nicht immer gerecht zu. Die kleine Schwester kann den großen Bruder necken, beißen, zwicken. Er wird wütend und brüllt: „Du doofe Kuh!" und schubst sie weg. Jetzt schreit sie wie am Spieß, Papa kommt gelaufen, schützt sein kleines Mädchen und schimpft mit dem großen Bruder. Jetzt fühlt sich der Junge bestätigt, dass Papa seine Schwester viel lieber hat und wird wütend auf Papa. Da kommt Mama und hilft dem Sohn, denn auch sie denkt, ihr Mann bevorzuge das Mädchen. So kann ein Geschwisterstreit in einen Partnerstreit ausufern. Sofort bilden die Kinder eine Einheit und vertragen sich wieder. Beide haben jetzt Sorge, dass Mama und Papa sich nicht mehr lieb haben. Es kann aber auch sein, dass sie sich freuen, die Eltern so gut verwickelt zu haben, denn jetzt sind sie aus der „Schusslinie".

Geschwisterkämpfe sollten also nicht immer gleich beachtet werden, vor allem wenn sie dazu dienen, die Eltern zu provozieren. Wenn ein Kind petzt und sofort Unterstützung bekommt, lernen Kinder, dass einer immer bevorzugt wird. Das provoziert wieder unerwünschtes Verhalten bei dem Kind, das sich ungerecht behandelt fühlt. Natürlich müssen zwei Streithähne auch mal getrennt werden und eine Auszeit für die Beruhigung verordnet bekommen. Dann bleiben Sie aber bitte unparteiisch und versuchen später den Konflikt in einem Gespräch zu klären.

Ursache für die Streitigkeiten sind häufig Neid und Eifersucht. Daher ist es wichtig, den Kindern immer wieder vor Augen zu führen, vor allem dem Erstgeborenen, dass jedes Kind ein Individuum ist und dass es je nach Alter unterschiedliche Erwartungen, Regeln und Konsequenzen gibt. Die Familie ist das beste Übungsfeld, um zu lernen, mal einstecken zu müssen, sich durchzusetzen, abzuwarten, die Verhaltensweisen der anderen zu tolerieren und nicht alleine zu sein, wenn bei den Erwachsenen dicke Luft herrscht. Einzelkinder haben es da viel schwerer. Sie haben niemanden als Konkurrent und Sparringpartner.

So glätten Sie die Wogen

- Geben Sie jedem Kind möglichst gleich viel Aufmerksamkeit, bevorzugen Sie kein Kind aufgrund seines Geschlechts oder Alters.
- Vergleichen Sie die Kinder nicht miteinander. Jedes Ihrer Kinder hat seinen eigenen Charakter, sein eigenes Lerntempo, seine Stärken und Schwächen. Das sollten Sie respektieren, und so den Geschwistern vorleben.
- Jedes Kind findet seine Rolle in der Familie. Das eine macht es den Eltern leicht, dann muss das andere eben

auffallen, um Aufmerksamkeit zu bekommen. Meist haben sie sich diese Rollen selbst ausgesucht und kommen gut damit klar. Es kann jedoch zu Konflikten kommen, wenn Sie die Kinder auf diese Rollen begrenzen und entsprechend behandeln. Auch sollten Sie vermeiden, die Kinder in bestimmte Rollen zu drängen, etwa „die verantwortungsvolle Älteste" und „das schutzbedürftige Nesthäkchen".

- Stellen Sie klare familiäre Regeln auf. Streit darf und muss sein, aber es gibt auch „Waffen", die verboten sind.
- Trauen Sie Ihren Kindern eigene Konfliktlösungen zu und mischen Sie sich nicht sofort ein. Doch wenn es zu laut oder zu gefährlich wird, dürfen Sie die Streitenden kurz trennen. Später sollte es ein Klärungsgespräch geben.
- Fördern Sie jedes Ihrer Kinder nach seinen Fähigkeiten. Jedes Kind soll ein eigenes Hobby und einen eigenen Freundeskreis haben.
- Eine regelmäßige Familienzeit mit angenehmen gemeinsamen Aktivitäten fördert den Zusammenhalt in der Familie. Zum Beispiel dürfen die Kinder reihum das Programm für einen Wochenendtag bestimmen.

Freundschaften in der Grundschule

Im Grundschulalter suchen sich Kinder ihre Freunde gezielt aus, und aus diesen Freundschaften können lebenslange Verbindungen werden. In der Regel sind es Freunde im gleichen Alter und vom gleichen Geschlecht. Neben gemeinsamen Interessen und Hobbys werden sie sich gegenseitig helfen und unterstützen und Geheimnisse austauschen. Beste Freunde sprechen über ihre Gefühle, vor allem Mädchen haben sich jetzt stundenlang etwas zu erzählen. Für manche Mutter ist es nicht leicht zu akzeptieren, dass ihre Tochter, die ihr vor der Einschulung alles erzählte, sich nun mit der besten Freundin in ihr Zimmer zurückzieht. Die Mutter muss draußen bleiben. Zusammen lachen, weinen, Händchen halten, kuscheln und übernachten – so grenzt sich Ihr Schulkind immer mehr von Ihnen ab. Söhne betrachten nun kritisch ihre Väter, stellen manche väterlichen Gewohnheiten in Frage und spielen lieber mit ihren Freunden. Kuscheln ist zwar noch erwünscht, aber nicht mehr in der Öffentlichkeit! Man will ja kein Mamakind sein.

Unterschiede als Bereicherung

Mit der Familie etwas unternehmen, wird zum Diskussionspunkt, denn die Freunde stehen nun an erster Stelle. All das ist zwar anstrengend für Eltern, aber ein gesunder

Reifungsprozess. Ihr Kind ist nun gruppenfähig und weiß, wer gut zu ihm passt. Allerdings nicht immer in den Augen der Eltern, die Sorge haben, ihr Kind könne sich von den Freunden auch sozial unerwünschte Verhaltensweisen abschauen. Gegensätze ziehen sich ja bekanntlich an und Schulkinder vergleichen nun auch ihre Eltern. Sätze wie: „Mama, der oder die darf aber …" oder „Der hat schon ein Handy, warum ich nicht?" fordern Eltern heraus, Stellung zu nehmen, Erklärungen abzugeben und standhaft zu bleiben.

Die Einkommensverhältnisse und der soziale Hintergrund der einzelnen Familien unterscheiden sich, und zur sozialen Entwicklung gehören eben auch, diese Unterschiede zu sehen, zu akzeptieren und den eigenen Selbstwert nicht von materiellen Dingen abhängig zu machen. Das ist für alle Beteiligten eine ständige Gratwanderung in unserer Wettbewerbsgesellschaft. Was Kind nicht alles haben will – aber geht es den Erwachsenen nicht ähnlich? Die Erfahrung von anderen Wertesystemen kann in der Familie diskutiert werden. So dürfen Eltern durchaus ihre Haltung reflektieren und auch mal nachgeben oder ihrem Kind mehr Leine lassen. Loslassen und sich lösen geht nur stressfrei mit gegenseitigem Vertrauen und offenen Gesprächen.

Schön für Ihr Kind, wenn es auf offene Ohren stößt und auf tolerante Eltern, die sich nicht in die Wahl der Freunde einmischen. Informiert sein ist wichtig, aber nicht bewerten. Nachfragen ja, aber nicht ausfragen.

Einzelgänger oder Außenseiter?

Manche Kinder werden sich schwer tun, Kontakte zu knüpfen, und gelten schnell als Einzelgänger. Wirkt ein Kind dabei zufrieden und kann sich trotzdem anpassen und sich durchsetzen, ist das kein Grund zur Sorge. Wirkt das Kind aber einsam, ängstlich und isoliert, kann es schnell zum Außenseiter werden. Hier sollte möglichst bald ein Gespräch zwischen Eltern, Kind und Lehrkraft stattfinden. Auch wenn es Sie Überwindung kostet, sich damit an die Schule zu wenden – in solch einem Fall kann nur Offenheit helfen. Die Gründe für die Isolation können sehr vielfältig sein, vom Migrationshintergrund über familiäre Schwierigkeiten, Krankheit, körperliche Beeinträchtigung bis zu Sprach- oder Lernschwierigkeiten.

Fernsehen und Computerspiele

In wie vielen Familien bestimmt der Fernseher – unübersehbar der neueste Flachbildschirm im Wohnzimmer – das Familienleben. Bei der Vielfalt von Programmen gäbe es Stress, wenn sich alle auf eine Sendung einigen müssten. Also bekommt Papa für seinen Sport und die Actionfilme den Fernseher im Arbeitszimmer, Mama sieht ihre heißgeliebten Serien im Wohnzimmer, und die Kids haben oft schon ab dem Grundschulalter ihren eigenen Fernseher im Kinderzimmer, neben PC und Tablet.

Gute alte Zeit: Die Kinder halfen der Mutter in der Küche oder beim Tischdecken, Mahlzeiten wurden gemeinsam eingenommen, am Wochenende gab es Spieleabende. Nachmittags trafen sich die Kids zum Spielen, Bolzen und Bauen, und am Sonntag gab es die Familienausflüge – auch nicht immer einfach, oft anstrengend, aber alle waren zusammen, und man hatte sich etwas zu erzählen.

Heute sehen Grundschüler im Durchschnitt etwa eine Stunde fern. Zehnjährige etwas länger, manchmal mehrere Stunden, vor allem, wenn sie sich selbst überlassen sind. Dass dieses Ausmaß schädlich ist, ganz unabhängig von den Inhalten, da sind sich Eltern, Pädagogen und Kinderpsychologen einig. Studien attestieren Vielsehern deutlich schlechtere Schulleistungen, vor allem in den sprachorientierten Fächern wie Deutsch und Geschichte. Vielseher sind unsportlich, inaktiv und neigen zum Übergewicht. Aggressionen und nächtliche Ängste sind häufiger. Der Fernseher wird zur negativen Verstärkung. Vor allem Kinder, die sich zurückgesetzt fühlen, neigen zu aggressiven Inhalten und setzen diese Aggressionen im Schulhof um.

Erschreckend viele Jungen in den ersten beiden Klassen sind in dieser Hinsicht auffällig!

Erziehung zur Medienkompetenz

Die Lehrer erwarten, dass die Eltern ihre Kinder zum vernünftigen Konsum erziehen, aber leider erzieht oft der Fernseher. Hilflose Eltern erwarten, dass die Qualität der Sendungen in der Schule besprochen wird, was zwar der Lehrplan sogar vorsieht, bei der Vielfalt der Sendungen aber fast unmöglich ist. Die Lehrer müssten sich ja stundenlang Filme oder PC-Spiele anschauen, um ein Urteil fällen zu können.

Da man die Produktion schlechter Filme nicht stoppen kann, müssen Kinder und Jugendliche lernen, bestimmten Inhalten oder süchtig machenden Spielen zu widerstehen. Sie sollten gefördert und motiviert werden, andere Tätigkeiten auszuüben, wie Sport oder Projektarbeit mit Mitschülern, um daraus ihren Erfolg zu ziehen. Kinder sollten rechtzeitig darüber aufgeklärt werden, welche negativen Folgen es hat, wenn sie zu viel fernsehen. Sie sollten frühzeitig Grenzen aufgezeigt bekommen, also zeitliche Begrenzung von Fernsehzeiten oder Computerzeiten. Der Umgang mit den Medien sollte nicht verboten oder verteufelt werden, sondern sie sollten altersgemäß oder zielgerichtet eingesetzt werden.

Genau da entstehen Konflikte: Ein Kind, das in ein Computerspiel vertieft ist, kann nach dreißig Minuten nicht aufhören, denn es ist gerade so gut im Spiel, dass es noch weitere Level erreichen möchte. „Ich komme gleich, nur noch ein Level", schallt es dann aus dem Kinderzimmer. Auf den Einwand von Mutter oder Vater „Wir haben doch ausgemacht ..." kommt die aufgeregte Antwort: „Aber ich hab es gleich geschafft! Das ist unfair, ich kann doch jetzt noch nicht aufhören." Es folgt Runde auf Runde, da der Spieler jegliches Zeitgefühl verliert. Das Kind will ja nicht ungehorsam sein, aber Mama und Papa haben keine Ahnung, wie spannend das ist.

Ist das Spiel zu Ende, ist auch der Flow-Zustand vorbei. Sich jetzt mit Hausaufgaben oder Aufräumen in dieser realen Welt zu beschäftigen, ist öde. Eltern geraten dann in die Gefahr, die Medien als Druckmittel einzusetzen: „Wenn du deine Hausaufgaben nicht machst, bekommst du Spieleverbot!" Das kommt einer Kriegserklärung gleich und fördert nicht die Motivation, seine täglichen Pflichten zu erledigen. Besser ist es, positiv zu motivieren: „Wenn du alle Arbeiten erledigt hast, bekommst du eine Stunde Spielzeit." Natürlich wird danach wieder gefeilscht, da heißt es dann für die Eltern standhaft bleiben. Erziehen zur Medienkompetenz, aber auch Medienabstinenz gelingt noch bis zum neunten Lebensjahr. Danach sind die Kinder sehr eigenständig und wollen selbst über ihre Zeit entscheiden.

Lassen Sie sich als Eltern nicht abschrecken, bleiben Sie am Ball, im Gespräch. Kinder sind stolz, wenn sie ihren Eltern die neuesten Errungenschaften zeigen können. So bleiben Sie über Interesse aber auch mit Ihren Bedenken mit Ihrem Kind in gutem Austausch. Sie und Ihre Kinder sind in ein neues Zeitalter der Digitalisierung und Informationstechnik hineingewachsen, mit allen Vor- und Nachteilen.

Hinweise für den Umgang mit Medien

- Seien Sie ein Vorbild: Lassen Sie den Fernseher nicht den ganzen Tag nebenher laufen, und Sendungen dürfen nie wichtiger sein als das familiäre Gespräch.
- Führen Sie für die ganze Familie einen fernsehfreien Tag ein. Planen Sie gemeinsam, was Sie an diesem Tag alles machen können.
- Legen Sie für Ihre Kinder eine Medienzeit fest. Als Orientierung gilt für Sechs- bis Neunjährige maximal eine Stunde pro Tag. Die Zeit verteilt sich auf Fernsehen und Computerspiele bzw. Spielekonsolen wie Nintendo. Für den Spielfilm, das Fußballspiel oder auch die Show am Wochenende kann eine Ausnahme gemacht werden. Mit Kindern ab zehn Jahren können Sie ein Wochenkontingent festlegen, dies sollte neun Stunden nicht überschreiten.

- Ihr Kind braucht keinen Fernseher im Kinderzimmer. Nehmen Sie Sendungen auf, so können Sie Streit vermeiden.
- Sprechen Sie immer wieder über den Inhalt der Sendungen, damit Ihr Kind das Gesehene realistisch verarbeiten kann.
- Mit dem Nintendo oder am Computer ohne Internetzugang darf Ihr Kind auch alleine spielen. Mehr zum Umgang mit dem Internet erfahren Sie auf Seite 117.
- Setzen Sie Fernsehen oder Computerspiele weder als Belohnung noch als Bestrafung ein.

TYPISCHE SCHULKONFLIKTE

Mein Kind ist so aggressiv

Kindliche Wutausbrüche kommen auch bei sechs- bis achtjährigen Grundschulkindern vor, da sie ihre Impulse noch nicht gut steuern können. Aufforderungskonflikte oder Bedürfniskonflikte gehören zum Alltag eines Schulkindes, es fällt ihm noch schwer, seine Befindlichkeit verbal auszudrücken und somit wird erst mal Dampf abgelassen. Dabei wird ein temperamentvolles Kind eher seine Wut laut zeigen als ein ruhiges Kind.

Kinder werden wütend, wenn sie überfordert, müde oder hungrig sind, dafür sind biochemische Prozesse verantwortlich. Geschlechtshormone, zum Beispiel Testosteron, tragen zum unterschiedlichen Wutverhalten von Jungen und Mädchen bei. Weiterhin spielt die Art und Weise, wie die Erwachsenen auf das wütende Verhalten reagieren, eine Rolle: Vom Schulkind wird ja erwartet, dass es sich beherrschen kann, und wenn das wütende Kind negative Zuwendung bekommt – also Schimpfen –, wird das Kind noch frustrierter und wütender.

Wut ist eine emotionale Erregung, die körperliche Spannung aufbaut. Schreien, Hauen, Treten, Sachen durch das Zimmer werfen, dient als Spannungsabfuhr. Diese Reaktionen sind bei einem älteren Kind sozial unerwünscht. Wenn Sie aber zu viel auf Ihr Kind einreden, wird es oft noch wütender, denn ab einem erhöhten Stresslevel ist der kognitive Zugang, also Einsicht, blockiert. Helfen Sie ihm also, sich zu beruhigen, indem Sie abwarten, im Geiste bis zehn zählen und ruhig bleiben. Eine schlagende Hand sollten Sie aber stoppen, und Sie sollten verhindern, dass Ihr Kind mit Gegenständen wirft, sich selbst oder anderen weh tut. Zeigen Sie dabei jedoch Verständnis für die Emotion und sagen Sie deutlich und ohne zu schreien: „Stopp, es wird nicht geschlagen. Du bist gerade so wütend, weil du die Aufgabe nicht verstehst, weil die Lehrerin dich zurechtgewiesen hat ... Komm, ich bin für dich da. Beruhige dich. Dann reden wir darüber." So helfen Sie Ihrem Kind, zu seiner Wut zu stehen, sich aber nicht unerwünscht zu verhalten, sondern die Wut zu verbalisieren.

Werden Sie selbst auch wütend, können Sie Ihrem Kind nicht helfen, erwünschtes Verhalten zu zeigen. Die Wutspirale wird sich nach oben schrauben. Sie sind damit ein ungünstiges Vorbild für Konfliktlösungen.

So gehen Sie mit Aggressionen Ihres Kindes um

- Zeigen Sie Verständnis für den Wutausbruch Ihres Kindes, indem Sie seine Gefühle erklären: „Du bist jetzt so wütend, weil du müde und hungrig bist und das Essen noch nicht fertig ist", „... weil die anderen dich in der Pause nicht haben mitspielen lassen", „... weil du die Aufgabe nicht verstanden hast".

- Bleiben Sie selbst ruhig und atmen Sie tief durch. Dann kann sich Ihr Kind beruhigen und Spannung abbauen. Wenn es sich beruhigt hat, können Sie mit Ihrem Kind darüber reden, wie es zukünftig sozial erwünscht reagieren soll.

- Erklären Sie Ihrem Kind dann möglichst im ruhigen Ton, was Sie von ihm erwarten: „Ich möchte nicht, dass du nach mir trittst, weil das Essen nicht schnell genug fertig ist." „Frag die anderen Kinder, warum sie dich nicht mitspielen lassen." „Wenn du etwas nicht verstehst, bitte die Lehrerin, es dir zu erklären."

Auslöser für aggressives Verhalten

Wenn kindliche Aggressionen häufig auftreten und destruktiv werden, hat ein Kind noch zu wenig Frustrationstoleranz aufbauen können. Gerade in der ersten Klasse wird ein Kind oft zum ersten Mal erleben, dass andere Kinder schneller oder besser lernen, dass es nicht im Mittelpunkt stehen kann oder dass es kritisiert oder gar ausgeschlossen wird. Jede kindliche Aggression hat also einen Grund, der aber oft nicht gleich erkennbar ist. Ein destruktives Kind, das ständig auffällt und aneckt, bekommt viel negative Zuwendung. Damit wird sein unerwünschtes Verhalten verstärkt, es ist noch frustrierter und sein Verhalten wird immer unerträglicher werden, bis härtere Sanktionen folgen. Aggressive Kinder haben scheinbar Macht, weil sie das soziale Leben immer wieder stören, dahinter verbergen sich aber oft unsichere, unglückliche oder überforderte Kinder!

Es gibt viele Auslöser für aggressives Verhalten, je nach dem Alter des Kindes und seiner persönlichen Situation. Häufig finden sich Auslöser im innerfamiliären Bereich. So kann viel negative Zuwendung und viele Einschränkungen in der Erziehung zu aggressivem Verhalten führen. Weitere mögliche Gründe sind hoher Leistungsdruck von Seiten der Eltern, viel Streit zu Hause oder Trennung der Eltern, die Geburt eines Geschwisterkindes. Ist die Mutter berufstätig und hat sehr viel Stress, kann sich das auf das Kind auswirken, auch wechselnde Fremdbetreuung. Schließlich ist das Kind in der Schule oder in der Nachmittagsbetreuung durch zu viele neue Kinder möglicherweise überfordert.

KINDLICHE AGGRESSION – DIE URSACHEN FINDEN

Wut, Frustration und Aggression sind angeborene Emotionen. Jedes aggressive Verhalten wird durch diese Emotionen ausgelöst und hat immer eine Ursache.

Schulkinder können destruktive Aggressionen zeigen, diese werden durch Angst, Unsicherheit und Überforderung ausgelöst, das Kind steht unter Dauerstress und benötigt Hilfe.

Eltern und Lehrern können dem Kind dabei helfen, destruktive Verhaltensweisen wieder zu verlernen. Hier ist eine Zusammenarbeit zwischen allen Beteiligten nötig. Wichtig ist es, die Ursachen für das aggressive Verhalten zu erkennen.

Ein aggressives Kind ist ein gestresstes Kind. Es zu bestrafen oder zu ignorieren erhöht seinen Stress und wird zu noch mehr aggressivem Verhalten führen und seinen Selbstwert schädigen.

Ruhiges, konsequentes elterliches Verhalten mit viel Verständnis und Mitgefühl wird dem Kind helfen, mit Stress besser umzugehen. Es kann eine Frustrationstoleranz aufbauen, es lernt seine Wünsche und Gefühle zu verbalisieren und kann dann seine Aggressionen verbalisieren und selbst regulieren.

Angsthase und Heulsuse

Angst ist eine angeborene Emotion und soll vor Gefahren schützen. Schon Babys reagieren auf Unbekanntes ängstlich, sie suchen Schutz bei Mama. Wird das heranwachsende Kind von seinen Eltern ermutigt sich auszuprobieren, kann es immer mehr neue Erfahrungen sammeln und immer besser einschätzen, was es sich zutrauen kann und wo es Hilfe braucht. Es wird sich immer mehr lösen und selbstsicherer werden.

Dinge, die es nicht einschätzen kann, machen dem Kind erst einmal Angst. Angst vor Dunkelheit, Angst vor Gewitter, Angst vor dem Alleinsein, Angst, verlassen zu werden, Angst vor fremden Personen oder Tieren. Eine sichere Bindung zu seinen Eltern, vor allem zur Mama, hilft ihm Sicherheit aufzubauen. Ab dem dritten Lebensjahr kommen neue Ängste hinzu, wie Angst vor Gespenstern, Angst vor Krankheit und Tod (Mama darf niemals sterben). Diese Ängste sind bis zum Grundschulalter normal.

Kinder brauchen Ermutigung

Eltern sind ein wichtiges Modell, an denen das Kind lernt, wie es mit diesen angeborenen Ängsten umgehen kann. Sie sollten Ihr Kind ermutigen, sich altersgemäß auszuprobieren (positive Verstärkung), und dabei lernen, Grenzen einzuhalten, damit es sich nicht gefährdet. Wenn es Angst hat, nehmen Sie es ernst und trösten es. Hat es sich beruhigt und fühlt sich wieder sicher, erklären Sie ihm, warum es ängstlich reagiert hat und was es ausprobieren kann, um die Angst zu vertreiben.

Jedes Kind ist eine eigene Persönlichkeit und sollte die Chance bekommen, ermutigt zu werden. Nur so kann es lernen, sich gut einzuschätzen, selbstbewusst handeln und später mit realen Gefahren umgehen. Wenn Ihr Kind von Natur aus vorsichtig ist, sollte Sie es niemals zu etwas zwingen. Es darf in seinem Tempo lernen. Die Schule erfordert vom Kind und von den Eltern, loszulassen und zuzutrauen. Gerade ängstliche, besorgte Mütter müssen lernen, ihr Kind selbstständig werden zu lassen. Sie dürfen es nicht überbehüten, sie können es nicht mehr vor allen Frustrationen schützen. Es muss jetzt lernen, sich selbst zu trauen.

Eine überbesorgte Mutter, die ihr Kind schon im ersten Lebensjahr sehr einschränkt durch ihre eigene Ängstlichkeit, wird ein ängstliches Kind heranziehen. Es kann ja noch nicht einschätzen, ob die Angst der Mutter real oder übertrieben ist. Für die Mutter ist nicht das mutige Forscherverhalten eines Kleinkindes erwünscht, sondern das vorsichtige schutzsuchende Verhalten. Daher wird das Kind jedes Mal, wenn es ängstliches Verhalten zeigt, verstärkt. Jetzt wird die Mutter verstärkt, weil sich ihre Angst wieder abbauen kann, wenn das Kind immer schön bei ihr bleibt und Schutz sucht. Dieses wechselseitige Lernen verstärkt wiederum die Angst des Kindes. Spätestens zum Schuleintritt wird es bei der Eignungsuntersuchung den Titel „sozial ängstliches, verhaltensgehemmtes Kind" bekommen.

Umgang mit ängstlichen Kindern

Ermutigen Sie Ihr Kind, wenn es ängstlich reagiert: „Trau dich, probiere es aus, du schaffst es." Aber zwingen Sie es zu nichts, was es nicht möchte.

Sprechen Sie an, wovor es Angst hat. Seine Gefühle sind richtig. Beschwichtigungen wie „Du brauchst keine Angst zu haben" helfen nicht. Auslachen macht es klein und beschämt es.

Lesen Sie ihm Geschichten vor. Märchen mögen grausam sein, aber am Ende siegt der Edle. Kinder lieben Gruselgeschichten und identifizieren sich mit dem Helden.

Phantasiefiguren helfen bei Angst im Dunklen, ein Schutzengel, ein Ritter der Nacht oder auch die Spraydose mit dem „Monsterschreck". So lernt Ihr Kind seine Angst selbstbestimmt zu bewältigen. Albträume kommen häufig zwischen dem dritten und vierten Lebensjahr vor, da die Phantasie des Kindes erblüht und alle Gegenstände noch belebt sind. Das Schulkind verarbeitet seine neuen Erfahrungen in Träumen oder Albträumen.

Die Ängste der Erwachsenen

Angst vor Krankheiten, Angst vorm Sterben, Angst vor Naturgewalten. Angst vor Veränderungen – umso älter es wird, umso mehr schnappt Ihr Kind auf, aus den Gesprächen der Erwachsenen, aus den Nachrichten, aus der Zeitung. Oder es wird selbst mit Krankheit und Tod konfrontiert. Sprechen Sie mit Ihrem Kind altersgerecht über diese Ängste der Erwachsenen. Es hat ein Recht auf eine Antwort oder Erklärung, aber bitte kindgerecht, denn ein Kind denkt noch nicht in die Zukunft. Es will hören und erleben, dass seine Eltern ihm Schutz geben. Dennoch können Sie nicht verhindern, dass der Hamster gestorben ist, die Oma im Krankenhaus liegt und der Papa der Freundin ausgezogen ist. Auch eine geliebte Lehrerin kann sehr krank werden und die Kinder müssen mit Aushilfslehrern zurechtkommen. Das kann ein Kind in den ersten zwei Klassen sehr verunsichern.

Mein Kind findet keinen Anschluss

Ein Kind, geborgen in seiner Familie, fühlt sich sicher in seinem Umfeld, und es fällt nicht auf, wenn es sich nicht wehrt. Ist es ein Einzelkind und viel von Erwachsenen umgeben, wirkt es oft schon sehr vernünftig und angepasst. Bekommen Eltern zum ersten Mal eine Rückmeldung von der Erzieherin, dass ihr Kind nach der Eingewöhnungszeit so abseits stehe, sich alles gefallen lasse und den Mund nicht aufbekomme, fallen sie aus allen Wolken. Was ist los mit der Tochter, dem Sohn? Was fehlt ihm? Ist Schüchternheit vererbbar? Vielleicht kommen eigene Erinnerungen an Einsamkeit und Ausgeschlossen sein. Selbst innerhalb einer Geschwisterreihe fühlte sich Mutter oder Vater ausgeschlossen, nicht geliebt oder nicht dazugehörig. In der Schule gehänselt und im Abseits. Wiederholen sich da Verhaltensmuster? Das eigene Kind sollte doch mutig und kontaktfreudig werden.

Kinder sind unterschiedlich in ihrem Temperament. Sicher gibt es vererbte Anlagen, aber vor allem findet soziales Lernen in der Familie und in der Gruppe statt. Wenn die Kinder mit ungefähr drei Jahren in einen Kindergarten kommen, hat das eine schon zwei Jahre Erfahrungen in einer Kita gemacht, das andere durch Geschwisterkinder, wieder andere waren mit Mama allein zu Hause. Die meisten Kinder verbringen die ersten Wochen in einer Einrichtung lieber beobachtend und abwartend. Gerade ruhige Kinder und Einzelkinder können eine längere Anpassungs- und Orientierungsphase benötigen. Erfahrene Erzieherinnen kennen diese Schwierigkeiten und versuchen die Kinder besonders zu motivieren und einzubinden. Durch viel positive Hilfestellungen und positive Verstärkung wird auch das schüchternste Kind auftauen und sich in die Kleingruppe eingliedern, da letztlich die kindliche Neugierde siegt und das Grundbedürfnis nach Zusammengehörigkeit und Anerkennung siegen wird.

Bleibt Ihr Kind trotz Eingliederung ein Einzelgänger, dann sollten Sie das akzeptieren, wenn sich Ihr Kind dabei wohl fühlt. Es gibt Kinder und später Erwachsene, die sich gerne alleine beschäftigen und dabei nichts vermissen. Macht Ihr Kind aber einen unglücklichen Eindruck und würde so gerne dazugehören, dann sollten die Eltern zusammen mit den Pädagogen und eventuell mit einer Erziehungsberatung ein Konzept aufzustellen, wie man dem Kind helfen kann.

So helfen Sie Ihrem gehemmten Kind

- Fragen Sie sich selbst: Wie war ich als Kind, was hat mir gefehlt, was hat mir geholfen? Wie leben wir jetzt? Haben wir ein offenes Haus mit viel Freunden oder leben wir eher isoliert?
- Gibt es innerfamiliäre Situationen, die das Kind belasten, wie Krankheiten, Arbeitsplatzverlust, Streit, Trennung, Umzug, Geburt eines Geschwisterkindes? Ist Ihr Kind vielleicht überfordert und zieht sich daher zurück?
- Sprechen Sie mit Ihrem Kind. Versuchen Sie herauszubekommen, was es sich wünscht, wie es sich gerne verhalten würde. Und wie es gerne hätte, dass sich die anderen Kinder verhalten.
- Vermeiden Sie es, Ihr Kind in eine Rolle zu drängen, die es nicht erfüllen kann.
- Machen Sie Ihr Kind nicht klein und beschämen Sie es nicht, nur weil es gehemmt und unsicher ist.
- Wenn Ihr Kind unsicher ist, braucht es Ihre Hilfe. Verstärken Sie es, indem Sie es darin bestätigen, dass nicht jeder gleich sein kann.

- Geben Sie Ihrem Kind Zeit, sich in eine neue Gruppe oder eine neue Situation einzugewöhnen. Vielleicht traut es sich, ein Kind einzuladen, das es gern mag.
- Macht Ihr Kind gerne Sport oder mag es Musik? Vielleicht kann es in einem Sportverein, einem Chor oder beim Ballett seine Rolle finden und unabhängig von einer großen Gruppe oder einem Leistungsvergleich seine Stärken erleben.
- Hindert eine zu große Zurückhaltung Ihr Kind daran, seine Neugierde auszuleben, sollten Sie sich professionelle Hilfe holen.

Hausaufgaben: Lust oder Frust?

Schule und Hausaufgaben – da ahnen die Erstklässler und ihre Eltern, dass es mit den freien Nachmittagen bald vorbei sein wird. Sind Hausaufgaben nun sinnvoll? Eltern meinen: Der Stoff wird doch in der Schule oder in der Nachmittagsbetreuung ausreichend bearbeitet, wozu dann noch Hausaufgaben? Kinder meinen: Hausaufgaben sind doof – und überlassen diese ihren Eltern, da sie ja sooo müde sind oder Besseres vorhaben. Lehrer meinen: Die Nachbereitung des Unterrichtstoffes ist wichtig, damit das Gelernte wiederholt wird, geübt wird und somit im Langzeitgedächtnis abgespeichert werden kann.

Was auch immer Sie davon halten mögen: Ums Üben und Wiederholen kommt kein Kind herum. In vielen Schulen gibt es bereits die Möglichkeit für die Kinder, den Stoff im Rahmen des Unterrichts zu vertiefen und individuell gefördert zu werden. Dafür werden spezielle Stunden eingebaut, die „Lernzeit". Doch das Einmaleins zu üben, Vokabeln zu lernen, ein Referat vorzubereiten, gezielt für eine Klassenarbeit zu üben – all dies sind Aufgaben für zu Hause.

Doch wie soll sich ein Schulkind, ein überwachender Elternteil verhalten? Schlampig ausgeführte Aufgaben sind oft voller Fehler, ein Frust für das Kind, ein Frust für die Eltern. Daneben zu sitzen oder gar die Aufgaben für das Kind machen, kann keine Lösung sein. Das Kind soll ja lernen selbstständig zu arbeiten.

Hausaufgaben sind lästig, aber Pflicht

„Mama, ich habe keine Lust auf die Hausaufgaben, es war schon in der Schule so anstrengend." Das ist eine ehrliche Feststellung. Wenn Sie allerdings vereinbart haben, dass die Hausaufgabenzeit um 15 Uhr beginnt, ist dieser Einwand des Kindes ein unerwünschtes Verhalten, bezogen auf das Ziel, pünktlich mit den Hausaufgaben zu beginnen. Ein verständnisvoller Elternteil könnte sagen: „Ja, die doofen Hausaufgaben, mach sie halt nachher", das wird das Kind erfreuen und die „Aufschieberitis" verstärken. Das wäre eine positive Zuwendung auf ein unerwünschtes

Verhalten. Sagt die Mutter energisch: „Jetzt reiß dich mal zusammen, dann hast du es schneller hinter dir" ist das ein Appell, verursacht aber Druck und ist eine negative Zuwendung auf ein unerwünschtes Verhalten. Gut zureden, ermahnen, schimpfen oder Wenn-dann-Sätze – das sind alles Zuwendungen auf die Aufschieberitis, also auf das unerwünschte Verhalten, und verstärken dieses.

Dagegen wäre eine Erinnerung „Wir haben ausgemacht, dass du um 15 Uhr beginnst, also fang an, auch wenn es dir gerade schwer fällt" eine freundliche positive Zuwendung und Hilfestellung. Begleiten Sie Ihr Kind zum Arbeitsplatz, geben Sie ihm einen aufmunternden Klaps auf die Schulter – „Wenn du Hilfe brauchst, dann ruf mich" –, dann gehen Sie raus. Auf weitere Ablenkungsmanöver gehen Sie nicht mehr ein, Sie geben also keine Zuwendung auf unerwünschtes Verhalten. Das fällt schwer, dient aber dem Ziel – Hausaufgaben erledigen – und es fördert eine ruhige Arbeitsatmosphäre.

Je selbstverständlicher es auch für die Eltern ist, dass Hausaufgaben zur Schulpflicht gehören, desto weniger werden diese Pflichten hinterfragt. Schon vor der Einschulung oder spätestens in den ersten Schulwochen sollten Sie mit dem ABC-Schützen zusammen den Tagesplan aufstellen. Eine freundliche Erinnerung an die Zeit, ein Wecker wird gestellt, der Arbeitsplatz ist leer geräumt, das Wasserglas gefüllt – nun kann es losgehen. Danach winkt die

Spielzeit oder die Sportgruppe. Rituale vom ersten Schultag an helfen, in diese neue Pflicht hineinzuwachsen – der Mensch ist ein Gewohnheitstier!

**INTERVIEW MIT EINER GRUNDSCHULLEHRERIN:
WIE IST DAS MIT DEN HAUSAUFGABEN?**

Eltern sollten bei den Hausaufgaben nicht daneben sitzen, das fördert nicht die Selbstständigkeit! Fragen sollen beantwortet werden, aber nur in Maßen und auf das Thema bezogen.

Gegebenenfalls können Eltern auf Fehler aufmerksam machen, aber nicht die Lösung vorgeben, sondern die Fehler markieren und das Kind verbessern lassen. So können Kinder daraus lernen und sind stolz, es selbst zu schaffen.

Bei Hausaufgaben sollten die Kinder auf Sorgfalt und Ordentlichkeit achten. Auch der richtige Arbeitsplatz ist wichtig. Das Kind sollte nicht zwischen Tür und Angel Hausaufgaben machen, während Mama nebenher kocht oder der Bruder im Zimmer spielt und der Fernseher läuft.

Eltern sind keine Hilfslehrer

Hausaufgaben dienen dem Üben und Verstehen, sie sollten niemals als Strafe gesehen werden. Heutzutage bekommen die Schüler individuelle Hausaufgaben, an ihren Leistungsstand angepasst. Die einen müssen das Schreiben oder Lesen üben, andere bekommen schon kniffelige Rechenaufgaben. Gute Schüler werden herausgefordert, langsameren wird Zeit gegeben, damit diese auch einen Erfolg sehen können. Voraussetzung ist, dass die Lehrkraft sich die Hausaufgaben anschaut, würdigt und zusammen mit dem Kind korrigiert. Es geht also nicht darum, fehlerfreie Hausaufgaben abzugeben, bei denen die Eltern geholfen haben. Denn dann hat weder das Kind noch die Lehrkraft eine Kontrolle darüber, was es schon kann und wo es noch Hilfe braucht.

Eltern dürfen gefragt werden, sollten Interesse am Lernstoff zeigen, nachfragen, ob das Gelesene auch verstanden wurde, sich die erledigten Hausaufgaben zeigen lassen, aber bitte niemals Lösungen vorgeben. „Hilf mir, es selbst zu verstehen, selbst zu erledigen" ist hier das Motto. Bitte auch nicht daneben sitzen – das erzeugt Druck – oder sich gar von hinten über das Kind beugen und im Arbeitsblatt rumzeigen, das lähmt und das Kind blockiert.

Die Familie sollte nicht eine zweite Schule werden mit dem strengen Direktor Vater, der alles besser weiß und der Hilfslehrerin Mutter! Die gut gemeinte Nachhilfe durch die Eltern schadet mehr, als sie nützt. Eltern haben zwar das Wissen, aber nicht unbedingt das pädagogische Handwerkszeug, wie der Stoff vermittelt wird. Sie denken viel zu erwachsen. (Kinder denken bis zum zehnten Lebensjahr nicht wie Erwachsene). Pädagogen rechnen mit Fehlern, denn nur daraus kann man lernen. Sie nehmen diese nicht persönlich, sondern helfen dem Kind, seine Lösung in seinem Tempo zu finden. Eltern aber fühlen sich für die Leistung ihrer Kinder verantwortlich, und wenn diese nicht so arbeiten, wie sie es sich vorstellen, reagieren Eltern schnell gekränkt und sehen es als persönliches Versagen. Dies löst letztlich noch mehr Druck auf beiden Seiten aus.

Trauen Sie Ihrem Kind etwas zu! Setzen Sie ihm einen Rahmen, in dem es angstfrei in seinem Tempo lernen darf. Sie bleiben im Hintergrund und sind bereit zuzuhören. So kann Ihr Kind lernen, allmählich Verantwortung zu übernehmen. Hat es mal keine Lust und macht keine Hausaufgaben, lassen Sie es zu. So wird es lernen, auch die Konsequenzen zu erleben und zu tragen.

So gibt es weniger Stress bei den Hausaufgaben

- Halten Sie einen festen Zeitrahmen ein, und geben Sie Ihrem Kind einen festen Arbeitsplatz, damit es in Ruhe seine Aufgaben erledigen kann.
- Zeigen Sie Interesse: „Zeig mir mal deine Hausaufgaben, ich möchte gerne sehen, was du heute alles machen sollst."
- „Ich habe keine Lust" oder „Ich weiß nicht, wie das geht", sind unerwünschte Verhaltensweisen und können somit eine Kette von negativen Zuwendungen in Gang setzen – also zu viele Kommentare der Eltern. Gehen Sie nicht darauf ein, sondern geben Sie sachliche Hilfestellung: „Zeig mir die erste Aufgabe" oder „Mit welchem Fach möchtest du anfangen?"

- Nach der Beendigung geben Sie Ihrem Kind Anerkennung, also positive Zuwendung auf erwünschtes Verhalten, auch wenn nicht alles perfekt ist. Es hat ja seinen guten Willen gezeigt und sich bemüht.
- Trauen Sie Ihrem Kind zu, seine Aufgaben alleine zu schaffen. Erfolgserlebnisse motivieren. Misserfolg sollte anspornen. Zu viele Misserfolge können durch gezielte Hilfestellung (z. B. eine schwierige Aufgabe in Teilzielen lösen) vermieden werden.
- Versteht Ihr Kind eine Aufgabe nicht, geben Sie nicht die fertige Lösung vor, sondern teilen Sie diese in kleine Schritte ein, meist kommt dann der Aha-Effekt. Richtige Hilfestellung sollte immer aufgabenbezogen bleiben. „Das ist doch einfach" ist eine ungünstige Hilfestellung! Kritik ist wie eine Strafe und blockiert.
- Versteht Ihr Kind etwas nicht, ermutigen Sie es, in der Schule noch einmal nachzufragen. Kinder sollen lernen, Mitschüler zu fragen, ein Team zu bilden, so kann jedes Kind seinen Teil zur Lösung beitragen.
- Hat Ihr Kind seine Hausaufgaben schon in der Schule erledigt, sollten Sie trotzdem Interesse zeigen und sich kurz zeigen lassen, was es gemacht hat.
- Ab der dritten Klasse wird sich Ihr Kind auf Schulaufgaben oder Tests vorbereiten müssen. Hier können Sie Ihr Kind abfragen. Kommt Ihr Kind zu Ihnen und bittet Sie, es abzufragen oder will Ihnen den Test oder die Lern-

zielkontrolle erklären, dann handelt es bereits selbstständig und eigenverantwortlich. Gratulation!

- Ältere Kinder können Entspannungsverfahren lernen,
um Prüfungsstress abzubauen. Eine sehr gute Methode
ist zum Beispiel die progressive Muskelentspannung
nach Jakobson.
- Auch wenn eine wichtige Arbeit ansteht: Spät am Abend
sollte nur noch kurz wiederholt werden. Mut zur Lücke –
auch das muss ein kompetentes Schulkind lernen.
- Der Wechsel von Erfolgserlebnissen und Frustration gehört mit zum (Schul-)leben.
- Ihr Kind sollte nach den Hausaufgaben die Möglichkeit
haben zu spielen, zu chillen, mit Ihnen zu kuscheln oder
sich mit Freunden treffen. Für Hobbys – Sport, Musik
etc. – ist nachmittags ebenfalls Zeit. Verplanen Sie aber
bitte nicht jeden Nachmittag, das ruft immer Zeitdruck
hervor und damit Stress!

Smartphone, PC und Tablet – schon in der Grundschule?

Die meisten Eltern sind noch mit drei Fernsehprogram-
men und ohne Computer aufgewachsen, doch in den letzten dreißig Jahren gab es eine rasante Entwicklung im
Bereich der Medien. Auf dem Schreibtisch oder Küchen-

tisch liegt das neueste iPhone und auf dem Sofa das Tablet, um auch zwischendurch mal schnell ins Internet gehen zu können. Kinder sehen, wie ihre Eltern damit umgehen und wollen es ihnen nachtun. Meist dürfen sie diese Geräte zu Hause benutzen. Doch ab wann braucht Ihr Kind ein eigenes Mobiltelefon oder gar Smartphone? Hier scheiden sich die Geister. Fakt ist, dass viele Kinder bereits in der Grundschule die älteren Mobiltelefone ihrer Eltern benutzen dürfen. Wenn das in der Klasse Ihres Kindes sehr viele sind, ist es fast unmöglich, es zu verbieten – Ihr Kind würde sich sehr schnell ausgegrenzt fühlen. Immer mehr Eltern sehen auch die Vorteile und argumentieren, sie wüssten dann wenigstens immer, wo ihr Kind sich gerade befindet. Denn je größer der Aktionsradius eines Kindes wird, desto wichtiger ist eine gute Erreichbarkeit für die Eltern, das gibt dem Kind und seinen Eltern ein Gefühl der Sicherheit – oder ist es auch Kontrolle?

Die KIM-Studie 2014 des Medienpädagogischen Forschungsverbunds Südwest befragte 1 209 Schüler und ihre Eltern zum Umgang mit Medien. Danach besitzen 31 Prozent der Acht- bis Neunjährigen ein eigenes Handy, 10 Prozent davon ein Smartphone. Bei den Zehn- bis Elfjährigen sind es 61 Prozent bzw. 29 Prozent. Zugang zum Internet haben fast alle Kinder, in der Regel über den Computer. Insgesamt 63 Prozent aller befragen Kinder gehen mehr oder weniger regelmäßig ins Internet.

TABLETS IM UNTERRICHT

Einige Grundschulen haben bereits Tablets im Unterricht eingeführt. Zu Hause werden sie für Spiele und Filme und wie ein Mini-Computer verwendet, im Unterricht werden sie als Lernmittel eingesetzt. Es laufen verschiedene Pilotprojekte, ob es den Unterricht in den ersten zwei Klassen bereichert, ist noch umstritten.

Auf jeden Fall müssen die Grundschulpädagogen ihre Medienkompetenz erweitern, um diese dann an ihre Schüler weiterzugeben. Beamer und Whiteboard in der Grundschule – diese Medien kennen die Eltern aus ihrer Berufsausbildung. Die Kleinsten wachsen selbstverständlich mit der digitalen Lernwelt auf.

Gerade die jüngeren Kinder sollten nicht alleine im Internet unterwegs sein. Zu Hause können Sie das kontrollieren, aber Sie sollten auch mit Ihren Kindern kritisch darüber sprechen, dass es im Internet viel Blödsinn gibt und welche Gefahren es birgt. Da der Zugang ins Internet über das Smartphone so einfach geworden ist, „verführen" gerade ältere Schüler die kleineren, sich Dinge anzuschauen, die noch nicht geeignet sind. Machen Sie sich gemeinsam mit Ihren Kindern schlau und legen Sie die Einstellungen zum Datenschutz fest. Angebote wie SCHAU HIN! (www.schau-hin.info) geben Rat.

Computerkids

In vielen Kinderzimmern steht heute ein Computer. Der PC ist für die Kids ein aktiver, reagierender Partner. Der Computerbildschirm öffnet eine dreidimensionale Welt voller Action, Konkurrenz, Sieg und Niederlage. Die Allmachtsphantasien des Kindes werden in einer (Schein-) Welt befriedigt, indem es in eine Rolle schlüpft – die des Helden, die des Siegers. Es hat durch seine Leistung Erfolg und Macht. Leider spielt in vielen dieser Spiele, dieser Scheinwelten, Moral oder Mitgefühl keine Rolle. Im Gegenteil, es wird vernichtet, getötet, gekämpft, der Gegner ausgeschaltet. Das macht Spaß, das Kind fühlt sich stark. Aggressionen, die hier ausgelebt werden, bleiben „folgenlos". Bei zwei Dritteln aller Computerspiele geht es um Eroberung und Zerstörung.

Auch viele Familienväter sitzen nach einem stressigen Arbeitstag oder dem ganz normalen Familienwahnsinn am Abend noch gerne vorm PC und „entspannen" bei diversen Actionspielen. Das Kind im Manne? Wenn Eltern Sorge haben, dass ihre Jungs (Mädchen mögen lieber gewaltfreie Spiele) zu viele aggressionsgeladene Spiele spielen, beruhigen Medienpädagogen sie damit, dass es ja um die Dynamik des Spiels gehe, weniger um die Inhalte. Psychologen dagegen argumentieren, dass Kinder, die alleine vor dem PC oder Fernseher sitzen und zu viele aggressive Spiele oder Filme sehen, oft stundenlang danach einen deutlich höheren Stresshormonspiegel haben. Schon Zehnjährige sagen, sie würden danach am liebsten etwas zerstören oder zuschlagen (kleinere Geschwister bekommen es dann zu spüren).

Kinder, die zu zweit oder dritt spielen, mit verschiedenen Rollen und ihrem Joystick, zeigen weniger Aggressionen, da sie im direkten Wettbewerb und im realen sozialen Kontakt sind. Aber aufgepasst: Manche Spiele sind so aufgebaut, dass jeder gewonnene Punkt oder Sieg zu weiteren Zielen führt. Es erfordert Schnelligkeit, Konzentration und Spielintelligenz, um zu gewinnen, bis zur physischen und psychischen Erschöpfung. Das Zeitgefühl geht verloren, Hausaufgaben, sportliche Betätigung und häusliche Pflichten werden vergessen, sogar essen und trinken oder der Gang zur Toilette bleiben auf der Strecke. Wenn Eltern hier zu spät eingreifen, können sich schon erste Suchterscheinungen entwickelt haben. Dann das Computerspielen zu verbieten, hat keinen Sinn. Das Kind wird lautstark protestieren, sich verweigern und den anderen das Leben schwer machen. Versuchen Sie zusammen mit Ihrem Kind die Spiele anzusehen und ihm dann langsam andere Themen oder noch besser andere actionreiche Spiele in der realen Welt anzubieten. Notfalls suchen Sie professionelle Hilfe. Gerade Kinder, die viel sich selbst überlassen sind und denen es schwer fällt, Freunde zu finden, verkriechen sich gerne in die virtuelle Welt.

Natürlich gibt es auch gute pädagogische Spiele, die die Intelligenz und Reaktionsfähigkeit sowie das logische und strategisches Denken fördern. Spannende Themen, wie Städteplanung, Umweltschutz, Meeresforschung oder Raumfahrt bringen Kindern die reale Welt näher, in der sie spielerisch, strategisch, mitwirken können. Auch hier ist es wichtig, dass mehrere Kinder beteiligt sind. Das erhöht Spannung und Spaß und es findet dabei ein Austausch statt.

Der richtige Umgang mit Computerspielen

- Vor allem bei den jüngeren Kindern sollten Sie die Spiele noch mit auswählen. Spielen Sie mal mit und erziehen Sie Ihre Kinder rechtzeitig zu kritischen Konsumenten. Zehnjährige lassen sich nicht mehr reinreden und wollen sich auch von der elterlichen Meinung abgrenzen.

- Aufgepasst: Ältere Kinder tauschen schon mal auf dem Schulhof kopierte Spiele aus und spielen diese heimlich oder nur beim Freund.

- Eltern und Lehrer sollten informiert sein, welche Spiele gerade auf dem Markt sind. Bestimmte Spiele nur verteufeln und verbieten, nützt wenig. Sprechen Sie mit Ihrem Kind darüber, erklären Sie ihm, warum Sie ein Spiel für nicht geeignet halten.

- Sorgen Sie schon vor der Einschulung dafür, dass Ihr Kind viel in Bewegung bleibt und andere Hobbys hat.

Jungen und Mädchen – kleine Unterschiede

Schon in der ersten Klasse können Lehrer Unterschiede im Lernverhalten von Jungen und Mädchen feststellen. Mädchen sind in der Regel aufmerksamer, konzentrierter, können besser stillsitzen und zuhören und haben eine schnellere Auffassungsgabe. Sie sind ehrgeiziger, üben mehr und bereiten sich besser auf den Unterricht vor.

Ab dem achten Lebensjahr beginnt bei den Mädchen die Vorpubertät. Sie verbringen viel Zeit mit ihren Freundinnen und helfen sich gegenseitig beim Lernen. Jungen wollen sich viel bewegen, albern, wollen Macht demonstrieren, sich untereinander messen und finden Mädchen blöd. Sie lassen sich viel leichter ablenken und haben „null Bock" auf lernen. Das klingt vielleicht sehr pauschal, wird aber in persönlichen Beobachtungen und Geschlechterstudien immer wieder bestätigt. In der vierten Grundschulklasse beginnt auch bei den Jungen die Vorpubertät – sie sind nun sehr hormongesteuert und die Schulleistungen fallen gegenüber den Mädchen ab. Da der Übertritt ansteht, bedeutet dies für Eltern von Jungen sehr oft Stress.

Dabei sind die Leistungsanforderungen für beide Geschlechter gut zu schaffen, und Mädchen sind keineswegs schlauer als Jungen. Dennoch fallen die Bewertungen unterschiedlich aus, da die Jungen sich eher sozial unerwünscht verhalten, sie stören, sind laut, aggressiv, unkonzentriert und zappelig, und dies wird sanktioniert. Wie Sie bereits wissen, wird Verhalten über Zuwendung, auch negative, bestärkt, es wird kein neues Verhalten gelernt. Doch bei durchschnittlich 25 Schülern in den Grundschulklassen haben die Lehrkräfte oft keine andere Wahl, als Sanktionen zu verhängen.

Es wird auch häufig erwähnt, dass in den Grundschulklassen männliche Bezugspersonen fehlen und eine Verweiblichung des Schulsystems besteht. Zudem bewältigt in vielen Familien die Mutter die Erziehung der Söhne alleine, da die Väter sich aus beruflichen Gründen nicht beteiligen können oder gar nicht vorhanden sind. Mädchen identifizieren sich mit dem weiblichen Geschlecht, lieben ihre weibliche Lehrkraft. Jungen wollen und müssen sich von der weiblichen Person abgrenzen und fühlen sich dann oft missverstanden, wenn ihre „gröbere" Art nicht so gut bei den Frauen ankommt. Erst in den weiterführenden Schulen werden sie auch auf männliches Lehrpersonal stoßen. Der Leistungsunterschied hat also weniger mit der kognitiven Begabung zu tun, sondern mehr mit dem Verhalten.

Jungen lernen anders als Mädchen

Wer als Eltern Jungen und Mädchen im Schulalter hat, wird bestätigen, dass schon ab der ersten Klasse die Mädchen den Jungen leistungsmäßig überlegen sind. Das „typisch jungenhafte Verhalten" beeinflusst die Mädchen, indem sie sich davon gestört fühlen oder sich einschüchtern lassen und sich in ihrem Wissen zurücknehmen. Gerade in weiterführenden Schulen mit reinen Mädchenklassen schneiden die Schülerinnen in mathematisch-naturwissenschaftlichen Fächern oft besser ab als in gemischten Klassen. Für das soziale Lernen sind aber gemischte Klassen erwünscht. Mädchen müssen lernen sich durchzusetzen, Jungen müssen lernen, sich zu organisieren und emotional zu beherrschen.

Eltern und Lehrer sollten darauf vorbereitet sein, dass es Interessens- und Leistungsunterschiede zwischen Jungen und Mädchen geben wird. Sprachlich orientierte Fächer liegen den Mädchen, Jungen finden Lesen und Sprachenlernen oft langweilig. Mädchen sind vielseitig motiviert, Jungen mehr interessensgeleitet. Ihnen liegen mehr die Fächer, in denen sie etwas tun und erforschen können, da strengen sie sich an. Sprachliche Kompetenz zu erwerben ist aber in den ersten beiden Klassen wichtig. Wer Probleme beim Lesen oder Leseverständnis hat, versteht oft später komplizierte Textaufgaben nicht.

Jungen und Mädchen brauchen also unterschiedliche Arten von Lernstoffvermittlung und Verhaltenssteuerung. Beide nach ihrem Verhalten oder ihrer Leistung zu vergleichen, wäre ungerecht und unklug, da es Stress erzeugt. Das sollten auch die Eltern vermeiden. „Deine Schwester ist viel klüger und lernt besser" wird dem Bruder nicht weiterhelfen, im Gegenteil: Er fühlt sich nicht wertgeschätzt und nicht verstanden, er wird blockieren und auf die „dumme Ziege" eifersüchtig sein. Individuelle Aufgabenstellung und Motivation wären förderlich. Bei einem Pauschalunterricht und gleichen Hausaufgaben für alle werden immer einige Schüler aus dem Rahmen fallen. Daher sollte der Schulstoff immer im Wechsel stattfinden, zwischen Konzentration und positiver Motivation, zwischen Gruppenarbeit, Wettbewerb (lieben Jungen) und stiller Arbeit (lieben Mädchen). Individuelle Arbeitsblätter für zu Hause fördern die Kinder nach ihren Leistungen.

Jungen benötigen in den ersten Klassen tatsächlich mehr Aufmerksamkeit, ihr Verhalten sollte aber in Richtung Selbstorganisation und lernrelevantes Verhalten gefördert werden, statt störendes Verhalten zu sanktionieren. Diese kann eine Lehrerin genauso leisten wie ein Lehrer, doch generell ist das Schulsystem in den ersten vier Jahren mädchenfreundlicher.

Zu viel Unruhe, zu wenig Konzentration

Sind Jungen das schwächere Geschlecht? Auch die sogenannte Aufmerksamkeitsdefizit-Hyperaktivitätsstörung (ADHS) wird bei Jungen viermal häufiger diagnostiziert als bei Mädchen. Kindliche Depressionen zeigen sich bei Jungen eher in aggressivem, hyperaktivem Verhalten, bei Mädchen eher in Rückzug und Traurigkeit. Probleme in der Schule und Schlafstörungen zeigen sich bei beiden Geschlechtern. Wird diesen Kindern nicht geholfen, werden vor allem Jungen durch ihr auffälliges Verhalten und ihre Lernschwäche benachteiligt sein. Sie holen sich Aufmerksamkeit durch unerwünschtes Verhalten.

Die Symptome Unruhe, Unaufmerksamkeit und Unbeherrschtheit bei Jungen gab es schon immer. Früher nannte man dies das Zappelphilipp-Syndrom. Wieso nehmen die Diagnosen ADHS so rapide zu – haben sich die Kinder verändert oder ist die Gesellschaft so sehr anders geworden?

Heute bekommen motorisch unruhige Jungen schnell fälschlicherweise das Etikett „ADHS" verpasst. Dabei ist es oft schlicht Bewegungsmangel, der diese Kinder explodieren lässt. Früher durften sie sich nach Schulschluss draußen austoben. Heute werden die Kinder zur Schule gefahren und wieder abgeholt, die Nachmittage sind mit Lernen und Üben verplant oder sie sitzen stundenlang vor dem Fernseher oder Computer, um sich virtuell auszuagieren. Körperlich sind sie danach aber noch angespannter und der Aggressionslevel ist deutlich erhöht. Jungen brauchen bis zur Pubertät viel Bewegung, Abenteuerräume, aber auch Rückzugsräume. Aufgrund ihres Hormonspiegels sind Jungen risikobereiter als Mädchen, Testosteron, Adrenalin und Dopamin steuern ihr emotionales Verhalten, sodass die Verhaltenskontrolle eingeschränkter ist. Jungen können sich schlecht still beschäftigen und haben die Gabe, den harmonischen Familiennachmittag durch ihre Provokationen und explodierenden Aggressionen zu zerstören. Es gibt natürlich auch ruhige, in sich versunkene Gleichaltrige, diese fallen dann schnell unter Sonderling und Einzelgänger. Wie der Junge es macht, macht er es verkehrt!

Aggression und Bewegungsdrang sind also nicht pathologisch, sondern bei den Jungen normal. Die Art und Weise, wie mit ihnen umgegangen wird, entscheidet letztlich, ob es zu einer pathologischen Störung wird. Haben wir Erwachsene keine Zeit mehr für die stürmische Entwicklung unserer Jungen? Sobald die Diagnose ADHS gestellt und ein Rezept ausgestellt wurde, kann man als Eltern und Lehrer die Verantwortung an die Mediziner abgeben. Das macht aber alles nur schlimmer. Verhaltensauffälligkeiten sind immer auch eine Beziehungsstörung, mit oder ohne Diagnose.

Jungen wollen stark wirken, tief drinnen sind sie aber bedürftig und brauchen mehr emotionale Sicherheit als Mädchen. In der Mädelsclique wird geherzt, gelacht, getratscht, man kann sich alles erzählen und gegenseitig stützen. Auch krabbeln achtjährige oder ältere Mädchen noch gerne in Mamas Bett, um ihr alles zu erzählen. Da Jungen aber durch ihr störendes Verhalten diese nötige emotionale Zuwendung oft nicht mehr bekommen, können sie sich schnell einsam, nicht geliebt und wertlos fühlen, dann ist es egal, wie sie sich verhalten. Wäre ja auch uncool, zur Mama zu kommen. Dann lieber auffallen, dafür gibt es dann wenigstens negative Zuwendung. Ist ein Junge bereits in den sprichwörtlichen Brunnen gefallen, sollte die ganze Familie Hilfe in Anspruch nehmen.

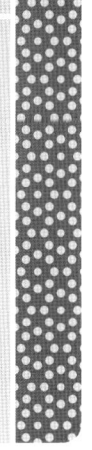

EIN APPELL AN DIE VÄTER

Gerade auffällige Jungen mit oder ohne Diagnose ADHS brauchen ihre Väter! Nicht die strafende, sondern die verständnisvolle, liebende männliche Bezugsperson. Väter, die selbst unter Leistungsdruck stehen und gestresst sind, bekommen die Bedürfnisse ihrer Söhne oft nicht mehr mit.

Jungen mit zugewandten Vätern zeigen deutlich eine höhere Kompetenz beim Umgang mit Triebimpulsen und Gefühlen als Kinder ohne präsenten Vater! Jungen von alleinerziehenden Müttern haben es damit am schwersten. Eine gute Sportgruppe mit einem verständnisvollen Jugendtrainer ist da sehr zu empfehlen.

Lernstörungen

Als Lernstörungen werden „Teilleistungsstörungen" im Lesen, Schreiben oder Rechnen bezeichnet. Sie haben nichts mit der Intelligenz eines Kindes zu tun, diese ist normal oder sogar überdurchschnittlich, die Gründe für eine solche Lernstörung sind nicht genau bekannt. Die Hypothese, dass es sich um hirnorganische Funktionsstörungen handelt, ist umstritten, man geht von einer kognitiven Entwicklungsverzögerung in Teilbereichen aus, die in vielen Fällen durch Förderung ausgeglichen werden kann. Diese Kinder brauchen einfach mehr Übungszeit. Alle Erstklässler machen anfangs dieselben Fehler. Wird ein langsameres Kinder jedoch unter Druck gesetzt und wird seine Schwäche als krankhaft bewertet, entsteht eine psychische Lernblockade, und das Kind wird dann schnell als dumm bezeichnet. Es ist also wichtig, Kinder mit Lernverzögerungen schon von Anfang an individuell zu fördern.

Die häufigsten Teilleistungsschwächen sind die Lese-Rechtschreib-Schwäche und die Rechenschwäche.

Lese-Rechtschreib-Schwäche

Was unterscheidet einen Schüler mit LRS von seinen Klassenkameraden?

- Er hat eine Abneigung gegen Lesen und Schreiben, und er ist darin deutlich langsamer als seine Mitschüler.

- In den anderen Fächern kommt er gut mit.
- Beim Schreiben verdreht er die Buchstaben oder stellt sie auf den Kopf.
- Er liest die einzelne Worte, erfasst aber nicht den Sinn des Textes.
- Beim Schreiben ist der Wortschatz deutlich geringer als beim Sprechen.

Schulpsychologen werden das auffällige Kind testen. Ist eine LRS diagnostiziert, kann festgelegt werden, dass die Leistungen im Lesen und Schreiben nicht bewertet werden, bis das Kind den Klassenstand aufgeholt hat.

Sind die Leistungen an Ende der zweiten Klasse abgefallen und wird erst dann reagiert, wird es für das Kind und seine Eltern sehr belastend, da der Übertritt als gefährdet gesehen und plötzlich viel Druck gemacht wird. Druck ist aber eine ungünstige Motivation fürs Lernen. In diesem Fall ist eine gezielte sachliche Hilfestellung und Ermutigung sehr wichtig. Fühlen sich Eltern zu gestresst, sollte die Förderung Fachleuten überlassen werden oder Schülerpaten, das sind ältere Schüler, die bereit sind, den Jüngeren zu helfen. Die Kinder strengen sich viel mehr an und die emotionale Belastung ist viel geringer, wenn sie nicht mit den Eltern, sondern mit „Fremden" üben. Trotzdem sollten die Eltern die Fortschritte verfolgen und anerkennen.

Darüber hinaus helfen einfache Entspannungsübungen dem Kind, seine Nervosität abzubauen. Das ist sinnvoll, wenn es zum Beispiel in der Klasse erlebt hat, dass andere Schüler lachen, wenn es Fehler beim Vorlesen oder Schreiben an der Tafel gemacht hat. Angst und Scham ist psychologischer Stress und blockiert die Leistung. Gerade Erstklässler reagieren auf Misserfolgserlebnisse oder Spott schnell mit psychosomatischen Symptomen, wie Bauchweh, Schlafstörungen und Übelkeit.

Rechenschwäche

Bei der Rechenschwäche oder Dyskalkulie hat das Kind Schwierigkeiten beim Umgang mit Zahlen. Hier gilt vieles, was bei der LRS zutrifft, wobei diese isolierte Schwäche eher selten auftritt. Betroffene Kinder brauchen in den ersten zwei Klassen zwar etwas länger zum Rechnen, sie entwickeln aber oft geschickt eigenen Strategien – sie verwenden zum Beispiel heimlich die Finger zum Subtrahieren oder Addieren. Im Zahlenraum bis 100 kommt das Kind damit gut zurecht. Bei Mengen und Größen fehlt ihm jedoch die Vorstellungskraft. So kann in seinen Augen ein viertel Liter Milch in einer Schale nicht genauso viel sein wie in einem Glas. Ein Hundert-Euro-Schein ist weniger als zwei Zehn-Euro-Scheine und ein Haus ist weniger als zwei Blumen. Dass sich Mengen nicht verändern, wenn sie unterschiedlich angeordnet sind, kann es sich nicht vorstellen und daher auch nicht verstehen.

INTERVIEW MIT EINER GRUNDSCHULLEHRERIN: WAS SICH GRUNDSCHULLEHRER VON DEN ELTERN UND SCHÜLERN WÜNSCHEN

Wie wünschen uns Kooperation! – Ein Miteinander, nichts verschweigen.

Bei auftretenden Problemen sollten die Schüler und die Eltern rechtzeitig Bescheid sagen! Nicht erst, wenn das Problem so groß ist, dass es viel Arbeit bedarf, um es zu lösen. Die Eltern sollen direkt zum Lehrer kommen und nicht erst zwanzig andere Mütter involvieren.

Wichtig ist es, an einem Strang zu ziehen, auch der Grundschullehrer möchte, dass es dem Kind gut geht. Wir wünschen uns Ehrlichkeit über die Situation zu Hause, wenn Probleme vorhanden sind – so erklärt sich häufig das Verhalten der Schüler und wir können besser darauf eingehen.

Eltern sollten ihrem Kind das vorleben, was sie von ihm verlangen. Ich habe immer wieder Mütter in der Sprechstunde, die sich wundern, warum ihr Kind gewisse Verhaltensauffälligkeiten zeigt. Wenn ich nachfrage, stellt sich heraus, dass diese Dinge dem Kind von den Eltern genau so vorgelebt werden.

Eltern sollten ihren Kindern mehr Freizeit gönnen und sie nicht von Termin zu Termin schleppen. Ich höre immer häufiger von den Kindern, dass sie sich auf die Nachmittage freuen, wo sie weder zum Fußball noch zum Yoga oder Geigenunterricht müssen.

Auffallen wird ein fleißiger und ruhiger Schüler mit isolierter Rechenschwäche erst in der dritten Klasse, wenn sich der Zahlenraum bis 1 000 erweitert und Textaufgaben so angelegt sind, dass es einer räumlichen Vorstellung bedarf. Der Schüler muss nun Bezugssysteme entwickeln für räumliche Relationen wie nah und fern oder kurz und lang. Es fällt ihm schwer, das Körperschema wahrzunehmen, so verwechselt er oben und unten, rechts und links.

Im Gegensatz zur Lese-Rechtschreib-Schwäche, die sich fächerübergreifend auswirkt, beschränkt sich die Rechenschwäche nur auf den mathematischen Bereich. Wenn das Selbstvertrauen des Kindes nicht zerstört wird, kann es mit dieser Teilleistungsschwäche seinen Schullaufbahn gut schaffen und seine Stärken nutzen und ausbauen.

Verhaltensauffällige Kinder

Die Lehrerin bittet zur Sprechstunde mit der Bemerkung: „Wir müssen uns mal zusammensetzen, das Verhalten Ihres Kindes ist auffällig." Welch ein Schreck für die Eltern! Was hat unser Kind angestellt? Was ist los? Wieso verhält es sich so? Als Mutter oder Vater neigt man dazu, entweder gleich in die Verteidigungshaltung zu gehen, oder man ist besorgt oder man ist sauer auf Sohn oder Tochter, da dieser Termin den Terminkalender sprengt.

Was auch immer Sie denken: Hören Sie sich die Schilderung der Lehrerin erst einmal an, und bitten Sie sie um eine genaue Beschreibung des Verhaltens. „Ihr Sohn stört" ist eine Beurteilung. „Ihr Sohn stößt mit dem Fuß den Vordermann, er lässt sich vom Stuhl fallen, damit alle lachen, er äfft ein Mädchen nach, das stottert" beschreibt das Verhalten. Danach geht es zur Ursachenforschung – was will der Sohn bezwecken mit seinem unerwünschten Verhalten? Er braucht Aufmerksamkeit, er will im Mittelpunkt stehen. Ist er gerade vom Schulstoff überfordert, von der Klassengröße oder gibt es zu Hause Probleme?

Jetzt sind Sie als Eltern aufgefordert, ehrlich hinzuschauen und offen zu sein. Für störendes kindliches Verhalten gibt es immer einen Grund, und die häufigste Ursache für Verhaltensauffälligkeiten in der Schule sind Probleme in der Familie.

Nun sollten nicht die Symptome, die konkreten Verhaltensweisen Gegenstand der Diskussion sein, sondern Sie sollten das „System Familie" betrachten. Kindliches Verhalten ist häufig ein Seismograf, der Störungen im System anzeigt. Reflektieren Sie die familiäre Situation. Danach sprechen Sie ruhig mit dem Kind, um gemeinsam eine Lösung zu finden. Im Kapitel über Konfliktgespräche erhalten Sie Tipps, wie Sie vorgehen können. Viele Grundschulen haben mittlerweile Sozialarbeiter, die bereit sind, Sie bei den Gesprächen zu unterstützen, und die auch in die

Klassen gehen und das betroffene Kind beobachten oder stützen können.

INTERVIEW MIT EINER GRUNDSCHULLEHRERIN: WIE MASSIV IST DER NOTENSTRESS?

Ob die Noten zum Stressfaktor werden, hängt stark von den Eltern ab! Eltern sollten unbedingt vermeiden, den Kindern im Grundschulalter Notenstress zu machen. Kinder reagieren häufig mit Blockaden, auch hatte ich schon Kinder mit Schlafstörungen, Bettnässen und anderen psychosomatischen Symptomen.

Bei schulischen Problemen sollten Eltern die Lehrer nach geeigneten Lernformen fragen, denn Eltern lernen oft falsch mit ihren Kindern, und das führt zu Ärger zu Hause und Leistungsverweigerung. Bei schlechten Noten sollten Eltern nicht gleich verzweifeln – Kinder müssen erfahren, dass sie durch eigene Anstrengung ihre Leistungen steigern können. Ich hatte einen Schüler in der dritten Klasse, der im ersten Diktat eine Sechs geschrieben hatte. Nach gezielten Übungen wurde es im nächsten Diktat eine Zwei und das Kind war unglaublich stolz, es „alleine" geschafft zu haben! Es geht darum, die intrinsische Motivation zu steigern, also dass das Kind aus eigenem Antrieb lernt.

Kinder, die mit einer Zwei oder Drei zufrieden und sonst ausgeglichen und glücklich sind, bitte nicht zu besseren Leistungen drängen. Die Eltern sollten zufrieden sein, dass das Kind sich keine schulischen Sorgen macht.

Bei größeren familiären Problemen sollte die Familie oder Sie als Elternpaar bereit sein, professionelle Hilfen anzunehmen. Schon wenige Gespräche können helfen, das Familienklima wieder zu entspannen. Das Kind muss nicht mehr Aufmerksamkeit über unerwünschtes Verhalten bekommen, denn es bekommt zu Hause wieder Aufmerksamkeit und Wertschätzung.

Jeder Mensch möchte so angenommen werden, wie er ist, mit all seinen Stärken und Schwächen. Ob Junge oder Mädchen, ob Mann oder Frau, ob jung oder alt. Dieses Grundbedürfnis bleibt immer bestehen. Wird es nicht erfüllt, entwickelt der Mensch Symptome, um Zuwendung zu bekommen!

Stressfaktor Noten

Das Thema Noten und Wortgutachten wurde schon am Anfang des Buches behandelt. Um den Kindern in den ersten beiden Klassen die Freude am Lernen zu erhalten, hat sich diese notenfreie Zeit sehr bewährt. Statt Noten gibt es Wortgutachten und neuerdings, statt Wortgutachten, individuelle Lernentwicklungsgespräche mit dem Schüler, seinen Eltern und der Lehrkraft. Die Schüler fühlen sich mehr wertgeschätzt und falls es zu Lern- oder Wissensschwierigkeiten kommt, kann man gezielter individuell fördern, da alle miteinbezogen sind.

**INTERVIEW MIT EINER GRUNDSCHULLEHRERIN:
WIE SOLLEN SICH ELTERN AUF DEN ÜBERTRITT
VORBEREITEN?**

Eltern sollen in den ersten drei Klassen keinen Notenstress machen, sondern auf Stärken und Schwächen achten.

Es ist nicht nötig, Panik zu entwickeln und dem Kind Angst zu machen. Der Sprung von der dritten in die vierte Klasse ist weniger schlimm als der Wechsel von der zweiten zur dritten Klasse. Da wechseln die Kinder oft die Lehrer und ihr bisher vertrautes Klassenzimmer und das Notensystem wird eingeführt.

Kinder sollten nicht nur stur für die Proben/Arbeiten lernen, sondern kontinuierlich den Stoff üben und wiederholen. Das Lernen anbahnen.

Eltern sollten sich nicht von anderen Eltern, deren Meinungen und deren Schulvorstellungen beeinflussen lassen. Sie sollen das eigene Kind als Persönlichkeit nicht aus dem Blick verlieren und nur noch mit anderen vergleichen, die besser, schneller, klüger sind.

Bei einigen Kindern ist es am Ende der vierten Klasse einfach noch zu früh, um zu sagen, ob sie das Gymnasium doch noch schaffen können oder nicht. Es gibt viele verschieden Bildungswege. Eltern sollten sich rechtzeitig darüber informieren und die geeignete Schule für ihr Kind – nicht für sich! – auswählen.

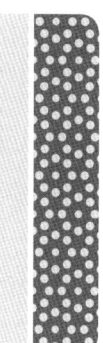

Ich hatte eine Schülerin, die in Mathe sehr schwach war. Sie hat den Übertritt dann nur durch Nachhilfe geschafft. Später habe ich erfahren, dass sie wegen Mathe die fünfte Klasse zweimal wiederholen musste. Der Abstieg und der Frust waren vorhersehbar. Das sollte man sich wirklich überlegen, ob man das seinem Kind antun möchte. Lieber erst mal den leichteren Weg wählen, dann besteht immer noch die Möglichkeit, über die Fachschulen die Mittlere Reife oder Hochschulreife zu erlangen.

Doch spätestens in den dritten Klassen wollen Eltern neben den Gesprächen ein Zeugnis mit Noten. Der Übertritt steht bevor, dafür sind die Noten wichtig. Der Druck beginnt, für die Eltern wie für die Kinder. Der gute Rat, Noten nicht überzubewerten, stößt auf taube Ohren. Es gibt Mütter, die eine gute Leistung sofort materiell belohnen, und die Tränen in den Augen haben, wenn eine schlechte Note unter der Arbeit steht. „Wir haben doch so geübt, wie konnte das passieren?" Der Schüler schämt sich, erlebt seinen Misserfolg doppelt: Erst in der Schule die Blamage (alle anderen sind ja besser, glaubt er) und nun diese Reaktion der Mutter (nur ihr Kind ist so schlecht, glaubt sie). Die Mutter nimmt ihm diesen Misserfolg krumm, schließlich hat sie so viel Zeit mit dem Üben verbracht.

Eine negative Spirale beginnt. „Wie soll mein Kind den Übertritt schaffen, wenn es schon in der dritten Klasse so schlecht ist?", denken die Eltern. Und genau diese Sorgen sind der eigentliche Stress, denn sie setzen das Kind unter Druck und verführen zu Maßnahmen, die oft weit über das Ziel hinausschießen.

Diese Eltern vergessen, dass Noten nicht die tatsächlichen Fähigkeiten der Schüler widerspiegeln, sie sind nur eine Aussage über den augenblicklichen Leistungsstand. Natürlich sollten die Ursachen für eine schlechte Note herausgefunden werden. War es nur Unaufmerksamkeit, Langweile oder Desinteresse? Oder gibt es konkrete Lernschwierigkeiten, wie oben beschrieben? Sind die Ursachen bekannt, können Sie daran arbeiten, sie zu beseitigen.

Gelassener Umgang mit Noten

- Halten Sie inne und überlegen Sie, wie Ihre Leistungen in der Schule waren. Wurde Druck auf Sie ausgeübt? Wie reagierten Sie emotional? Galt nur die Leistung oder wurden Sie auch als Person geliebt?
- Identifizieren Sie sich nicht zu sehr mit den Noten. Sehen Sie die Noten als Rückmeldung für Ihr Kind.
- Schimpfen Sie bitte nicht, wenn Ihr Kind eine schlechte Note nach Hause bringt. Auch Strafen oder der Entzug

von Privilegien werden nicht zu besseren Leistungen führen.

- Bleiben Sie bei einer schlechten Note gelassen und helfen Sie Ihrem Kind, die Ursache dafür herauszufinden. Sprechen Sie mit ihm, hören Sie gut zu, was es erzählt, und suchen Sie gemeinsam nach Lösungen.

- Gibt es etwas in der Familie, das ein Grund dafür sein könnte, dass die Leistungen nachlassen? Oder war die schlechte Leistung nur ein Ausrutscher?

- Kinder müssen lernen, mit Misserfolgen zurechtzukommen. Diese Erfahrung können Sie Ihrem Kind nicht abnehmen.

- Üben Sie keinen Druck auf Ihr Kind aus. Leistungsdruck macht nicht widerstandsfähiger, sondern sensibler und die Frustrationstoleranz sinkt.

- Rücken Sie nicht die Misserfolge Ihres Kindes ins Licht, sondern seine Teilerfolge und seine anderen Fähigkeiten.

- Ihr Kind soll für die Schule lernen und üben, nicht für Sie! Machen Sie sich dies bewusst. Natürlich wollen Sie stolz sein auf Ihr Kind, doch dies dürfen Sie nicht nur an den Noten festmachen. Nehmen Sie Ihr Kind so, wie es ist. Mit seinen Stärken und Schwächen.

EINE ALLEINERZIEHENDE MUTTER ZWEIER KINDER MIT EINER TOCHTER IN DER DRITTEN KLASSE BERICHTET

In der ersten und zweiten Klasse werden die Kinder noch „betüddelt". Ab der dritten Klasse ist es leider ganz anders, ich finde, es ist ein extremer Sprung. Auch die Noten verschlechtern sich auf einmal, was die Kinder dann demotiviert. Man muss immer mehr mit dem „Mir macht Schule keinen Spaß mehr" umgehen.

Man sollte schon in der ersten und zweiten Klasse darauf achten, wie ordentlich die Kinder sind. Auch auf die Rechtschreibung. Diese war bei uns in den beiden ersten Klassen nicht so wichtig. Ab der dritten Klasse ist alles anders, jetzt wird die Rechtschreibung benotet.

Das Thema Handy ist bei uns ein Stressthema. Da schon ab der ersten Klasse viele Mitschüler ein eigenes Handy besitzen, fühlt sich meine Tochter benachteiligt, da sie jetzt in der dritten Klasse eine der wenigen ist, die noch kein eigenes Handy haben. Ich lasse mich da nicht unter Druck setzen.

Als Mutter zweier Schulkinder braucht man gute Nerven und sollte schauen, dass man für sich einen guten Weg findet, seine Kinder zu motivieren. Ebenso sollte man seinen eigenen Prinzipien – kein eigenes Handy, kein eigener PC – treu bleiben, auch wenn es aus diesem Grund oft Tränen gibt.

ELTERN-KIND-KONFLIKTE

Erziehungskompetenz für Grundschuleltern

Kaum ist das Kind eingeschult, beginnt der Stress, sagen die Eltern. Nicht nur, dass die Schule äußere Zwänge und Pflichten bringt, wie pünktlich aufstehen, Termine einhalten, Hausaufgabenbetreuung und Ferienordnung, auch die leidigen Diskussionen über die Erziehung bekommen eine neue Dynamik. „Du bist zu weich, der Kleine tanzt dir auf der Nase rum", bekommen die Mütter zu hören. „Du kümmerst dich nicht um die Schulangelegenheiten" oder „Du bist zu streng", bekommen die Väter an den Kopf geworfen.

Die Erziehung eines Grundschulkindes stellt Eltern vor neue Herausforderungen. „Eltern sollen sich nicht in Schulangelegenheiten einmischen, jetzt hat die Schule oder der Staat den Erziehungsauftrag, die Kinder sollen selbstständig werden", sagen die einen. „Eltern sind für die Lernleistung und die Kompetenz des Schulkindes verantwortlich, dafür brauchen sie Unterstützung", sagen die anderen. „Um uns hat sich niemand gekümmert, wir mussten da alleine durch", sagen die Großeltern.

Die Gesellschaft erwartet perfekte Kinder, damit die Wirtschaft und der Staat funktionieren. Die erste Pisa-studie im Jahr 2000 arbeitete heraus, dass es in Deutschland stark von dem Elternhaus abhängt, ob ein Kind in der Schule erfolgreich ist oder nicht. Was sollen also Eltern tun und was nicht? Es ist ja einfach, auf das Schulsystem zu schimpfen, sich aber trotzdem darauf zu verlassen, dass die Lehrer schon wissen, was sie tun. Oder man misstraut dem System, übernimmt die Rundumbetreuung des Kindes und wird zu Helikoptereltern. Die Lehrkräfte schimpfen auf beide Lager und fühlen sich weder von der einen noch von der anderen Seite unterstützt. Was sollte getan werden?

Professionelle Unterstützung durch Elternkurse

Alle Eltern wollen ihre Kinder gut und kompetent durch die Grundschuljahre begleiten. Damit dies einigermaßen stressfrei gelingt, kann eine Unterstützung von professioneller Seite sehr hilfreich sein. Daher werden für Grundschuleltern diverse Kurse und Programme angeboten.

Die meisten Bundesländer bieten mittlerweile Elternkurse an, wie STEP (Systematisches Training für Eltern und Pädagogen), PET (Präventives Elterntraining) oder das australische Triple-T. Teilweise werden die Kurse kostenfrei angeboten. Leider nehmen oft nur wenige Eltern teil, da die Kurse abends oder am Wochenende stattfinden und meist nur ein Elternteil kommen kann.

Unter professioneller Anleitung können die Eltern beispielsweise in Rollenspielen erleben, wie Interventionen auf ihr Kind wirken – sowohl auf das Verhalten als auch auf die Emotionen. Damit können sie die Reaktionen ihrer Kinder besser verstehen. Aber auch Eltern können ihre Bedürfnisse äußern und werden positiv verstärkt und motiviert, sonst entsteht wieder ein Leistungsdruck. Es geht nicht um richtig oder falsch und Perfektionismus, sondern um Verstehen, um Mut zu Veränderungen und darum, zu üben. In den Kursen lernen und erleben Eltern, ähnlich wie ihre Schulkinder, welche Art von Verhalten welche Konsequenzen zur Folge hat.

Optimal wäre es, wenn alle Eltern von Kindern im letzten Kindergartenjahr mit einem solchen Kursangebot auf die Schulzeit vorbereitet werden würden. Wäre dies Pflicht, blieben Kinder von weniger kompetenten Eltern oder benachteiligten Familien nicht auf der Strecke.

Auch wäre es wunderbar, wenn in der ersten Klasse auf dem ersten Elternabend ein paar Verhaltensregeln angesprochen würden. Am besten sollte die Schule ein Elterntraining anbieten mit dem Schwerpunkt: Wie verhalte ich mich mit den Anforderungen der Schule, wie unterstütze ich mein Kind positiv, wie gehe ich mit den Hausaufgaben um und den Bewertungen/Noten? Die Grundschullehrer bearbeiten die Fragestellungen: Wie bekomme ich die Eltern mit ins Boot, damit es ein Miteinander zum Wohle des Kindes gibt?

Wie kann ich die Eltern stärken und ermutigen, der Schule auf Augenhöhe zu begegnen, als Partner, nicht als Feind?

Damit gäbe es eine große Chance für alle Beteiligten, stressfreier mit diesen so entscheidenden ersten vier Grundschuljahren umzugehen. Denn wir wollen ja alle für das Leben lernen, nicht für die Schule. Wir wollen kompetente Eltern sein mit kompetenten Schulkindern und kompetenten Erziehern/Lehrkräften.

Verwöhnung und Kontrolle – Helikoptereltern

Nicht wenige Eltern glauben, es sei nur zum Besten ihres Kindes, wenn sie es so weit wie möglich kontrollieren und ihm möglichst viel helfen. Dahinter steckt das Anliegen, ihr Kind soll es mal besser haben als sie bzw. es soll erfolgreich werden, es in seinem Leben zu etwas bringen.

Das Kind muss viel können, um sich von den anderen abzuheben, also so früh wie möglich mehrere Sprachen sprechen, Instrumente lernen und alles tun, was die Eltern sagen, denn sie meinen es ja nur gut. Hat das Kind Probleme, übernehmen sie sofort die Lösung, auf dem Spielplatz, bei den Hausaufgaben, in der weiterführenden Schule, am Ausbildungsplatz oder an der Uni. Sie suchen die Hobbys und die Freunde aus und machen in der Elternsprechstunde zahlreiche Vorschläge, wie man ihr Kind noch besser fördern könnte. Die Lehrer berichten, dass sich diese Eltern über Nichtigkeiten beschweren und um die Noten feilschen. Ihr Kind ist heilig und wird verteidigt, es wird auf einen Sockel gestellt. Und es wird nur noch in der Wir-Form gesprochen: „Da haben wir eine Vier geschrieben, obwohl wir doch so viel gelernt haben, die Aufgabe war viel zu schwer, wir beschweren uns beim Lehrer."

Natürlich fahren sie ihr Kind überall hin, denn die Welt da draußen ist voller Gefahren – und man will ja auch die Kontrolle behalten. So können sich diese Kinder auf dem Heimweg von der Schule nicht austoben oder sich mit ihren Klassenkameraden verabreden. Mama wacht über alles. Ist das Kind älter, ist es ständig per SMS oder Anrufe mit Mama in Kontakt. Auf beiden Seiten bestehen Trennungsängste, auch Ängste, die Mama zu enttäuschen. Alle Wünsche werden den kleinen Prinzen und Prinzessinnen sofort erfüllt.

Ungefähr 15 Prozent der Elternschaft stürzt sich ganz und gar auf ihr Projekt Kind. Dies ist ein zunehmendes Phänomen in der Mittelschicht. Werden diese Kinder älter und sollten in der vierten Klasse selbstständig sein und kompetent entscheiden können, fallen sie durch Unselbstständigkeit gepaart mit hohen Ansprüchen auf. Sie verlassen sich darauf, dass ihre Eltern alles erledigen. Bei Leistungsschwierigkeiten werden natürlich sofort die besten Nachhilfen bezahlt, am besten gleich ab der zweiten Klasse, damit das Übertrittszeugnis bestens ist. Der Lehrer kann den aktuellen Leistungsstand nicht einschätzen, da die Aufgaben von den Eltern erledigt werden. (Es soll schon Mütter gegeben haben, die sich in die Uni setzen, um für ihr Kind die Klausur zu schreiben!)

In der Klassengemeinschaft aber werden diese überbehüteten Kinder zunehmend isoliert sein. Ihr Verhalten wird als überheblich, egoistisch und arrogant empfunden. Empathisches Verhalten ist ihnen fremd, und es mangelt an Respekt vor den anderen Kindern oder Erwachsenen. „Designerkinder" sind meist einsame Kinder. Sie haben keine Frustrationstoleranz gelernt und keinen Mut, etwas auszuprobieren. Achtjährige können nicht mehr hüpfen oder sich beim Spielen schmutzig machen. Zehnjährige lassen sich den Reißverschluss an der Jacke von Mama schließen.

Zu stark kontrollierte Mädchen tendieren in der Pubertät zu Essstörungen, da haben sie endlich selbst die Kontrolle über ihren Körper. Jungen, die ihre Grenzen nicht kennengelernt haben, sind gefährdet, sich in Exzesse zu stürzen, wenn sie der elterlichen Kontrolle entronnen sind. Jugendliche gehen Widerständen aus dem Weg, isolieren sich oder stürzen sich unkontrolliert in Abenteuer. Viele werden sehr angepasst und sitzen noch mit 25 Jahren im Hotel Mama. Dieser noch nicht stattgefundene Abnabelungsprozess verhindert, dass sie sich in der Ausbildung oder im Berufsleben durchsetzen. Wahrscheinlich fällt manchen Eltern die Abnabelung so schwer, weil sie erst spät Eltern geworden sind und alles dafür tun, dass ihr oft einziges Kind sie zu stolzen Eltern macht. Das Kind wird zum Projekt oder zum Objekt des elterlichen Narzissmus, sagen die Kinderpsychiater.

Wenn Sie sich in der Beschreibung ein klein wenig wiedererkannt haben, sollten Sie einmal in sich gehen und nachdenken. Sie wollen das Beste für Ihr Kind, und das bedeutet, es zu einem selbstständigen, lebenstüchtigen Menschen zu erziehen. Lassen Sie sich von den folgenden Sätzen anregen. Mit Ihrer ständigen Kontrolle tun Sie weder sich noch Ihrem Kind etwas Gutes.

Denkanstöße für Helikoptereltern

- Kinder sind nicht der Besitz der Eltern. Die Eltern sollten Wegbegleiter sein, und Kinder dürfen auch mal Umwege machen, bis sie flügge sind.
- Es ist nicht die Aufgabe der Eltern, Kinder glücklich zu machen. Und es ist nicht die Aufgabe der Kinder, die Eltern glücklich zu machen.
- Eltern sollen Kindern Fertigkeiten vermitteln, damit sie sozial und emotional stabil werden können.
- Kinder sollen altersgemäß gefordert und gefördert werden nach dem Motto: „Hilf mir, es selbst zu erfahren und auszuprobieren."

- Lasst Kinder unter Kindern sein! Sie müssen früh genug erwachsen werden.
- Kinder sollen Schritt für Schritt dazu angeleitet werden, autonom zu werden, also sich abnabeln zu dürfen.
- Wirklich liebende Eltern erkennen ihr Kind so an, wie es ist, und wollen es nicht formen.
- Kinder müssen auch lernen, Frustrationen auszuhalten. Nur so können sie einschätzen, wie sie ihre Stärken ausbauen und zu ihren Schwächen stehen.
- Um Selbstvertrauen zu entwickeln, braucht es ein realistisches Selbstbewusstsein. Dieser Entwicklungsprozess beginnt schon nach der Geburt.
- Das Kind schrittweise loslassen und in seiner Selbstständigkeit unterstützen – das ist die wahre Erziehungsherausforderung für die Eltern. Diese Kompetenz können und sollen Sie lernen und sie täglich anwenden.
- Ein Kind zu erziehen und zu lernen, es loszulassen, ist ein lebenslanger Prozess. Ist dieser gelungen, werden Ihre Kinder sagen: „Wir sind stolz auf euch. Genauso wollen wir auch unsere Kinder erziehen."

Konflikte reduzieren

Erziehung bedeutet, dass Mutter oder Vater das Kind häufig zu etwas auffordern, was das Kind nicht gleich ausführt oder verweigert. Meist handelt es sich um Zielkonflikte. Im

Zusammenleben von Kindern und Erwachsenen, die sehr unterschiedliche Bedürfnisse haben, sind Zielkonflikte nicht vermeidbar. Um die Anzahl der täglichen Konflikte zu reduzieren, hat es sich bewährt, Regeln aufzustellen, und zwar gemeinsam mit dem Schulkind.

Diese Regeln können zum Beispiel sein:

- „Wenn die Schule beginnt, wird der Wecker auf sieben Uhr gestellt. Beim dritten Klingeln stehst du auf."
- „Diese Woche fütterst du die Katze, nächste Woche tut das deine Schwester."
- „Richte deine Schulsachen und Kleidung immer am Abend her, damit du morgens nicht in Hetze kommst oder etwas vergisst."
- „Nach jeder Mahlzeit putzt du deine Zähne."
- „Um 20 Uhr ist Bettzeit, du darfst aber noch eine halbe Stunde lesen."
- „Wenn du gerufen wirst, komm bitte sofort zum Essen. Wir fangen dann an und warten nicht auf dich."
- „Sei zur ausgemachten Zeit zu Hause oder ruf an, wenn du dich verspätest."

Das Kind soll wissen, welche Konsequenzen es hat, wenn es die Regeln nicht einhält. Und ein Regelverstoß soll auch immer diese angekündigten Konsequenzen nach sich ziehen. Das Kind hat somit die Wahl, denn Regeln auszutesten gehört zum sozialen Lernen dazu. Es will ja ausprobieren, was passiert.

Bekommt es die Konsequenzen erst viel später zu spüren oder sind diese für das Kind nicht vorhersehbar, sondern werden willkürlich von den Eltern gewählt, dann empfindet das Kind diese Konsequenz als ungerechte Strafe, was zu weiteren Konflikten führen wird. So wird das Kind nicht motiviert, in Zukunft die Regeln einzuhalten. Oder es hält sich aus Angst vor einer nicht berechenbaren Strafe zukünftig an die Regeln, Angst ist aber ein schlechter Lehrmeister.

Regelkonflikte bei zu starren oder zu offenen Regeln

Um Zielkonflikte zu vermeiden, sollten die Regeln jedoch weder zu starr noch zu offen sein. Zu starre Regeln sind zum Beispiel:

- „Ein Kind muss immer um sieben Uhr zu Bett zu gehen."
- „Ein Kind braucht viel Schlaf."
- „Erst die Arbeit, dann das Vergnügen."
- „Nach dem Essen ist Hausaufgabenzeit."
- „Bei Tisch wird nicht geredet."
- „Wenn Erwachsene reden, haben Kinder still zu sein."
- „Bei guten Noten gibt es eine Belohnung."
- „Es werden keine Schimpfwörter benutzt."

Offene Regeln benutzen Eltern, die sich in der Erziehung nicht einig sind oder gegeneinander arbeiten. Kinder bekommen dann sehr schnell heraus, wo sie sich ihre Vorteile holen. Beispiele für offene Regeln sind:

- „Wenn Papa uns ins Bett bringt, dürfen wir vorher noch ganz lange toben."
- „Wenn Papa auf Geschäftsreise ist, darf ich bei Mama im Bett schlafen."
- „Bei Oma darf ich essen, wann ich will."

Dabei gibt es dann nicht nur Zielkonflikte zwischen einem Elternteil und dem Kind, sondern auch zwischen den Eltern.

FAMILIENREGELN REGELMÄSSIG ÜBERPRÜFEN

Kommen Regelkonflikte sehr häufig vor, sollten Sie die derzeit bestehenden Regeln überprüfen. Mit dem Alter der Kinder und sich verändernden Umständen müssen sie sich immer wieder verändern. Gehen Sie die Regeln gemeinsam mit den Kindern durch, sprechen Sie darüber und stellen Sie gemeinsam neue Regeln auf.

Für alle Regeln gilt, dass sie sinnvoll und nachvollziehbar sein sollen, und zwar für alle Familienmitglieder.

Regeln helfen, das Familienleben zu regulieren.

Regeln schaffen Verlässlichkeit und geben Sicherheit.

Regeln gelten für alle Familienmitglieder.

Konstruktiver Umgang mit Regelkonflikten

Ältere Kinder wollen ernst genommen werden, da sie sich eigene Gedanken machen und reflektieren. Sie wollen mitreden und zunehmend über ihre Zeit, ihr Leben mitbestimmen dürfen. In der Art und Weise, wie sie dies einfordern und wie die Erwachsenen damit umgehen – mit Verständnis oder Ablehnung –, liegt reichlich Konfliktpotenzial.

Es liegt an Ihnen, die Freiräume für Gespräche zu schaffen. Dazu brauchen Sie zum einen Zeit, aber auch die Atmosphäre in der Familie spielt eine Rolle. Eine gute Beziehung zu Ihrem Partner und zu Ihrem Kind, ein starkes Selbstbewusstsein, Zufriedenheit und Gelassenheit sind gute Voraussetzungen für konstruktive Gespräche.

Wie ist das bei Ihnen? Haben Sie keine Zeit oder kein Interesse, sich mit Ihrem Kind auseinanderzusetzen? Oder fühlen Sie sich dem nicht gewachsen? Oder fehlt es einfach an passenden Gelegenheiten? Betrachten Sie Ihren Tagesablauf und Ihr Verhalten.

- Wie beginnt der Tag? Hektisch und chaotisch oder ruhig und strukturiert?
- Gibt es einen Tages- oder Wochenplan?
- Weiß jedes Familienmitglied, welche Regeln es gibt?
- Gibt es bestimmte Aufstehzeiten, Arbeitszeiten, feste Mahlzeiten, Ruhezeiten, Spielzeit, Hausaufgabenzeit, Kuschelzeiten, Zubettgehzeiten?

- Bin ich alleine für die Einhaltung der Regeln verantwortlich?
- Werden die Regeln respektiert und eingehalten?
- Wie spreche ich mit den Kindern und dem Partner – anklagend oder respektvoll?
- Spreche ich in Ich-Botschaften oder mehr in Du-Botschaften? Wie sind meine Empfindungen dabei?
- Kann ich anderen zuhören, ohne sie gleich zu unterbrechen?
- Werde ich gehört und fühle mich respektiert?
- Respektiere und achte ich mich selbst?
- Opfere ich mich für die Familie (den Beruf) auf?
- Habe ich noch Zeit für Ruhepausen oder ein Hobby?
- Habe ich den Eindruck, es wird mir schnell alles zu viel?
- Gibt es noch Zeit für den Partner und Freunde?
- Will ich alles auf einmal machen oder kann ich Prioritäten setzen? Erwarte ich von mir, es immer allen recht machen zu müssen?
- Sehe ich meine Erziehungsaufgabe als Last, oder kann ich noch herzlich, spontan reagieren und das Kind annehmen, so wie es ist?
- Wie oft nehme ich mein Kind in den Arm und schaue ihm in die Augen?
- Bin ich mit meinen Gedanken ständig in der Vergangenheit und Zukunft und mache mir Sorgen, oder kann ich im Hier und Jetzt bleiben?

- Neige ich dazu, schnell zu urteilen und zu interpretieren?
- Wann habe ich zuletzt etwas Aufmunterndes gesagt oder gelobt? Auch zu mir selbst?
- Kann ich offen zu meinen Bedürfnissen, Wünschen und Gefühlen stehen? Oder verdränge ich sie?

Wenn Sie sich überfordert fühlen

Gehen Sie kritisch mit Ihrem Energiehaushalt um. Wenn Sie sich gestresst und leer fühlen, können Sie nichts geben. Sie erwarten vielleicht, dass die anderen ein bisschen Rücksicht nehmen könnten, und werden enttäuscht. Sie selbst sind der größte Auslöser für Ihren Stress! Vor allem die Gedanken, Erwartungen und Gefühle bringen einen immer wieder aus dem Gleichgewicht.

Zeichnen Sie doch einmal einen „Energiekuchen": Teilen Sie ihn in Beruf, Haushalt, Kinder, Freizeit, Ich-Zeit und Hobbys ein, die Größe der Stücke entspricht der Menge an Energie, die Sie dort investieren. Wie sieht Ihr Kuchen aus? Erfahrungsgemäß gibt es große Stücke für Beruf, Haushalt und Kinder, aber nur kleine Stücke für Freizeit, Ich-Zeit und Hobbys. Ziehen Sie nun Bilanz: Wo können Sie als Erstes etwas verändern? Wie soll der Kuchen in die Zukunft eingeteilt sein?

Achten Sie vor allem auf Auszeiten, auch wenn Sie sich nur 20 Minuten fürs Ausruhen und Entspannen gönnen.

Schon kleine Kinder respektieren dies, wenn es klar als Wunsch geäußert wird. Achten Sie auf Ich- und Du-Zeiten – für Sie und Ihr Kind (bzw. eines Ihrer Kinder), für Sie und Ihren Partner, ohne Anforderungen, ohne Leistung. Es ist nicht die Quantität der Zeit, die zählt, sondern die Qualität und der bewusste Umgang damit.

„Ich habe nie Zeit, ich bin so im Stress", ist von allen Seiten zu hören. Wenn Ihnen Ihre Beziehung und Ihre sozialen Bedürfnisse wichtig sind, finden Sie die Zeit. Grenzen Sie sich ab und delegieren Sie Aufgaben.

Organisieren Sie Unterstützungssysteme (leider gibt es nicht immer die Großeltern in nächster Nähe), eine Putzfrau, einen Fensterputzdienst, einen Babysitter, einen Getränkelieferservice, einen Studenten für die Nachhilfe. Diese Investitionen rechnen sich. Sie gewinnen Zeit für sich, Ihre Familie freut sich über den Zeitgewinn und einen Elternteil, der wieder mehr gute Laune hat und entspannter ist.

Rituale strukturieren den Tag

Liebevolle Weckrituale, die Lieblingstasse auf dem Frühstückstisch, die selbst gemachte Brotzeit in einer bunten Box oder die Kleidung schon am Abend vorher zusammen auszusuchen – all dies hilft, vorgegebene Zeitstrukturen einzuhalten. Wie viele Kinder gehen ohne Frühstück aus dem Haus, weil die Erwachsenen keine Zeit oder Lust haben, sich zehn Minuten für ein kleines Frühstück und einen gemeinsamen Tagesbeginn zu nehmen? Fürsorge wird als liebevolle Aufmerksamkeit und Wertschätzung erlebt. Schnell noch beim Bäcker eine Brezel und einen Kakao im Pappbecher zu kaufen und alles hektisch in sich reinzuschlingen, kostet auch Zeit. Gemeinsame Mahlzeiten hingegen fördern die Zuwendung und den Austausch, sorgen für das Wir-Gefühl.

Zu einer Tagesstruktur gehören auch Abschieds- und Begrüßungsrituale. Nehmen Sie sich dafür einen Moment Zeit und schauen Sie Ihrem Kind oder Partner in die Augen. Dies sind wertvolle Sekunden der ungeteilten Aufmerksamkeit, der gegenseitigen Wertschätzung. Der andere fühlt sich angenommen.

Gerade am frühen Morgen fällt es vielen schwer zu reden. Der „Guten Morgen"-Gruß sollte aber nicht fehlen. Mit einer Umarmung oder einer Streicheleinheit, einem „Komm, wir packen den Tag an" steht es sich besser auf als mit Ermahnen, Tadeln und Hektik. Mit einem freundlichen Abschiedsgruß starten Kinder und Eltern gestärkt in den Tag, schließlich sehen sie sich oft erst am Nachmittag oder Abend wieder.

Nach einem langen Schul- oder Arbeitstag will jeder erst mal ankommen. Statt sich freundlich zu begrüßen,

werden sofort – meist negative – Nachrichten ausgetauscht oder Anordnungen erteilt. Kinder fordern zu-
gleich die Aufmerksamkeit der Heimkehrer. Fühlen sie
sich nicht wahrgenommen, empfinden sie sich schnell als
Störenfriede, und schon hängt der Haussegen schief. Ein
guter Trick ist, kurz innezuhalten, bevor man die Haustür
öffnet, bis zehn zu zählen, die Arbeit oder Sorgen erst mal
in der Tasche zu lassen und sich seine Familienmitglieder
im Geiste einzeln vorzustellen, um sich auf sie mit ihren
unterschiedlichen Bedürfnissen einzustimmen. Dann können Sie mit einem freundlichen „Hallo, da bin ich" eintreten.

Die obligatorische Frage „Wie war der Tag?" ist entweder ein Türöffner zum Jammern und Klagen oder es
kommt ein kurzes „Passt schon", was beides die Kommunikation und Stimmung nicht fördert. Lassen Sie Ihr Kind
oder Ihren Partner erst mal ankommen. Ein herzliches
„Schön, dass du da bist, komm erst mal rein" ist ein Türöffner, um sich wohlzufühlen und später zu erzählen.

Kleineren Kindern fällt es schwer zu warten, sie werden
sich sofort die Aufmerksamkeit holen und losreden. Ältere
Kinder wollen erst mal in Ruhe gelassen werden und im
wahrsten Sinn des Wortes alles fallen lassen. Ihnen Zeit
geben und tolerant sein, vermeidet in diesen Fällen Stress
und schlechte Laune.

Gemeinsame Zeit am Abend

In vielen Familien gibt es erst am Abend eine gemeinsame Mahlzeit. Wenigstens ein Elternteil sollte dann mit am Tisch sitzen. Jetzt können alle Familienmitglieder über den Tag sprechen und Informationen austauschen. Führen Sie aber bitte keine Konfliktgespräche bei Tisch, das verdirbt nicht nur die Stimmung, sondern auch den Appetit! Machen Sie dafür eine Extrazeit noch vor dem Zubettgehen aus. Ältere Kinder öffnen oft ihre Kummerkiste erst, wenn sie schon im Bett liegen. Dann sollten Sie sich unbedingt die Zeit zum Zuhören nehmen.

Abendrituale helfen, den Tag loszulassen. Kinder brauchen für einen vereinbarten Zeitraum die ungeteilte Aufmerksamkeit eines Elternteils. Planen Sie etwa 30 Minuten für Kuscheln und Erzählen ein (auch ein Grundschulkind braucht dies noch!).

Die meisten Kinder sind danach kooperativ. Kinder, die einfach ins Zimmer oder Bett geschickt werden, weil die Erwachsenen endlich ihren Feierabend wollen, fordern Aufmerksamkeit über unerwünschtes Verhalten ein.

Erwartungsdruck führt zu Konflikten

Zu hohe Erwartungen an das kindliche Verhalten oder an die Schulleistungen, die das Kind erbringen soll, können tagtäglich Druck und belastende Emotionen auslösen. Aber auch Mütter setzen sich unter Druck, indem sie ihre Kinder mit anderen vergleichen, die viel braver und klüger sind. Oder sie meinen, dass andere Mütter Haushalt, Kind und Beruf viel lockerer und besser organisieren als sie selbst. Diese Enttäuschung bekommen Kinder dann verbal über destruktive Du-Botschaften zu spüren. Eltern wollen stolz auf ihre Kinder sein. Sie sehen die Kinder als ein Projekt, das gelingen muss. Eltern haben auch Erwartungen an die Auswahl der Schule, die Freunde der Kinder und die Freizeitaktivitäten.

Sobald das Kind ihren Erwartungen nicht entspricht, sind sie enttäuscht, machen sich selbst und dem Kind Vorwürfe und sorgen somit für Spannungen. Die meisten Erwartungskonflikte entstehen dadurch, dass es Eltern schwerfällt, im Hier und Jetzt zu bleiben. Sie treiben ihre Kinder an mit der Gefahr, sie zu überfordern: „Du sollst mal Arzt werden wie Papa, dann verdienst du viel Geld!" Oder sie resignieren und werten ihr Kind ab: „Ich sehe schon, bei dir ist Hopfen und Malz verloren. Wenn du so weitermachst, landest du unter der Brücke!", „Bei diesem Zeugnis müssen wir uns ja schämen!"

Kinder können bei zu hohen Erwartungen entweder in Widerstand gehen oder sie verhalten sich so, wie ihre Eltern sie haben möchten, und trauen sich nicht mehr, ihre Wünsche, Bedürfnisse und Gedanken offen auszudrücken.

Sie verhalten sich überangepasst, um Zuwendung zu bekommen. Sie haben gelernt, dass nur die Leistung und der Schein nach außen zählen, nicht sie als Person mit ihren Stärken und Schwächen.

Die eigenen Erwartungen überprüfen

Welche Erwartungen haben Sie an Ihr Kind, an sich selbst, an Ihren Partner, an die Schule oder die Lehrer? Sind diese Erwartungen dem jetzigen Zeitpunkt und Alter des Kindes angemessen oder überzogen? Vielleicht sind es auch zu viele? Haben Sie Ihrem Kind Ihre Erwartungen als Ich-Botschaft vermittelt? Wie reagiert es darauf? Meistens erwarten wir stillschweigend, dass sich der andere nach unseren Wünschen verhält, oder sind uns selbst nicht bewusst, mit welchen Erwartungen wir uns bei der Erziehung unter Druck setzen. Gehen Sie offen mit Ihren Ansprüchen um und entrümpeln Sie mutig zu viele und zu hohe Erwartungen. Versuchen Sie immer wieder, das Alter Ihres Kindes zu berücksichtigen und seine Persönlichkeit. Jedes Kind ist anders! Bis zum zehnten Lebensjahr sind sie noch Kinder, keine kleinen Erwachsenen!

Erwartungen werden häufig von Generation zu Generation weitergegeben. Erinnern Sie sich, wie es Ihnen als Kind ging, wenn Sie sich von den Vorstellungen Ihrer Eltern „erdrückt" fühlten? Wurden die elterlichen Wünsche wertschätzend vermittelt oder als Anordnungen? Fühlten

Sie sich ermutigt oder entmutigt? Bekamen Sie die elterliche Aufmerksamkeit überwiegend über die erbrachte Leistung oder fühlten Sie sich als Kind geliebt, unabhängig von Ihrem Verhalten? Diese Selbstbefragung ist der erste Schritt, um Erwartungskonflikte aufzulösen.

Konflikte unter Geschwistern

Wenn Sie mehrere Kinder haben, sind Konflikte unvermeidbar. Alle wollen ihre Grundbedürfnisse erfüllt bekommen, müssen sich aber die Aufmerksamkeit, die Liebe der Eltern teilen. Erstgeborene haben es dabei besonders schwer, da sie eine Zeit lang ganz im Mittelpunkt der elterlichen Aufmerksamkeit standen. Erwartungen wie „Es ist so schön, wenn Kinder miteinander aufwachsen. Sie können miteinander spielen, sie haben immer jemanden und sind nicht nur von den Eltern abhängig" werden sich nicht immer erfüllen. Gerade wenn ein gemeinsames Essen ansteht, wenn Besuch kommt, wenn ein Ausflug stattfinden soll, bei einer längeren Autofahrt oder wenn die Kinder am Ende des Tages müde sind, treten bevorzugt Zankereien und Gerangel auf, oft begleitet von beträchtlicher Lautstärke. Appelle wie: „Ärgert euch nicht schon wieder, vertragt euch!", „Bei Tisch wird nicht gestritten" laufen ins Leere.

Meistens handelt es sich hier um Bedürfniskonflikte. Jedes Kind möchte Aufmerksamkeit, das ältere Kind fühlt sich vom jüngeren Geschwister gestört, genervt. Das jüngere Kind will alles schon genauso machen wie das ältere. Der Erstgeborene muss vielleicht immer Rücksicht auf die Kleineren nehmen: „Sei vernünftig, du bist doch der Große!" Mit solchen Aussagen werden schnell Eifersuchtsgefühle ausgelöst. Mischen Eltern sich zu früh in den Geschwisterstreit ein oder ergreifen gar Partei für ein Kind, fühlt sich das andere schnell ungerecht behandelt, es wird sich wehren oder beleidigt reagieren. Kinder lernen somit nicht, Konflikte selbst zu lösen, sie werden für die Lösung immer einen Elternteil benötigen – entweder petzen sie oder sie gehen sofort in die Opferrolle, indem sie über Geschrei Hilfe herbeiholen. Dann ist der andere immer der Böse und der fühlt sich in seiner Eifersucht bestätigt.

Miteinander reden – auch streiten

Ein zu großes Harmoniebedürfnis kann das Kind seelisch erdrücken. Es fühlt sich in seinen unterschiedlichen Bedürfnissen nicht ernst genommen und muss um des lieben Friedens willen seine Meinungen zurückhalten. Es lernt: „Wie es mir wirklich geht, interessiert niemand." Wenn Konflikte oder Streit in der Familie vermieden werden, werden sie von dem Kind auch im Erwachsenenalter als Katastrophe erlebt. Sie sind mit Angst besetzt, das Kind lernt nicht, seine Meinung zu äußern.

Dabei regeln Kinder ihre Probleme altersgemäß. Wir sollten ihnen vertrauen und ihnen dabei mit Kommunikationsregeln helfen. Am besten, indem wir als Eltern ein gutes Vorbild geben und versuchen, dem anderen zuzuhören und uns auch schnell wieder zu versöhnen, wenn es mal gekracht hat. Schweigen und Liebesentzug dagegen lösen Angst und Unsicherheit aus. Kinder sollen lernen sich zu entschuldigen, wenn sie absichtlich jemanden kränken wollten. Auch Eltern sollten unbedingt um Entschuldigung bitten, wenn sie einem Kind Unrecht getan haben oder in ihren verbalen Äußerungen abwertend waren.

Aggressionen können bei Geschwistern sehr plötzlich auftreten, dienen aber meist dazu, die Kräfte zu messen, Macht auszuüben, Kontakt aufzunehmen oder auch zur Abgrenzung. Bis zum achten Lebensjahr wird sich das Kind noch mit viel Körpereinsatz durchsetzen wollen. Ältere Geschwister werden zunehmend versuchen, ihre Konflikte verbal auszutragen, wenn auch meistens lautstark. Einfache Regeln helfen den Geschwistern, ihren Konflikt nicht zum Streit eskalieren zu lassen. Zum Beispiel: „In unserer Familie wird nicht geschlagen. Wenn du wütend bist, sag es", also Worte statt Taten. Oder: „Der Ältere gibt auch mal nach", also Deeskalation. „Wenn du Ruhe möchtest, darfst du dich abgrenzen", im engen Auto müssen notfalls die Plätze getauscht werden.

Bei Tisch kann eine Veränderung der Sitzordnung ebenfalls Wunder bewirken. Unterschiedliche Zubettgehzeiten können helfen, Konflikte zu vermeiden. Ältere Kinder sollten nicht zu sehr als Babysitter eingesetzt oder gar den jüngeren gleichgestellt werden. Sie benötigen Privilegien, damit die Geschwisterhierarchie stimmig ist. Bei nicht lösbaren Konflikten zwischen älteren Geschwistern sollte ein Familienrat einberufen werden. In diesem Rahmen haben die Streithähne die Gelegenheit, ihre Gründe darzulegen, und in einem fairen Konfliktgespräch kann versucht werden, Lösungen zu finden.

Ein großer Irrtum besteht in der Erwartung der Eltern, sie müssten alle Kinder gleich lieben und gleich behandeln. Das wird nicht funktionieren! Und damit ist das auch ein Auslöser für einen Geschwisterstreit.

Positive Kommunikation – Familienrat

Wenn Familien zusammensitzen, bei gemeinsamen Mahlzeiten, wenn Besuch kommt oder auch bei längeren Autofahrten, wird ja in der Regel viel geredet, geplaudert, jeder möchte etwas sagen. Je mehr Personen, umso größer die Lautstärke. Selten wird wirklich gut zugehört, denn jeder möchte schnell seine Neuigkeiten loswerden oder seinen Kommentar abgeben. Es kann sehr lustig zugehen, denn

Kinder sind wunderbare Unterhalter. Werden die Themen ernster, verwandeln sie sich zu Clowns und können damit gut ablenken. Diese Gespräche können anstrengend sein, doch die Grundbedürfnisse nach Nähe und Aufmerksamkeit sowie Austausch werden befriedigt.

Es gibt aber auch Familien, in denen fast jedes Zusammentreffen von einer unguten Stimmung begleitet wird. Es wird angeklagt, gejammert, nur über das Schlechte geredet, über das, was nicht funktioniert. Häufig wird eine Person, egal ob Elternteil oder Kind, angeklagt oder sogar bloßgestellt. Ungute Stimmung sorgt dafür, dass jeder schnellstmöglich dieses Zusammensein verlassen möchte oder er vermeidet solche Zusammenkünfte zukünftig ganz. In der Folge wird kaum noch miteinander geredet.

Damit Familien das Miteinanderreden wieder lernen und als angenehm empfinden, sollte – als wichtiges Ritual oder anfangs als Regel – einmal in der Woche ein Familienrat stattfinden. Dafür werden ein fester Tag und ein fester Zeitpunkt festgelegt, der für alle machbar sein sollte. Das kann schwierig sein, aber vielleicht finden Sie ja zum Beispiel am Sonntag nach dem Frühstück Zeit. Beim Familienrat sind alle, die in der Familie leben, gleichberechtigte Mitglieder: die Eltern, das Kind/die Kinder, ein Großelternteil. Jetzt geht es nicht ums Plaudern, sondern um einen Austausch, um Rückmeldungen, wie sich jeder in der Familie gerade fühlt. Es wird angesprochen, was gut klappt, wo es Schwierigkeiten gibt, ob Veränderungen anstehen, wie Aufgaben verteilt und eventuell neue Regeln aufgestellt oder alte Regeln verändert werden. Es geht also überwiegend darum, sich gegenseitig Erwartungen, Wünsche, Bedürfnisse und Emotionen mitzuteilen. Damit auch jeder zu Wort kommen kann und ihm zugehört wird, empfehlen sich Kommunikationsregeln, die sich schon vielfach bewährt haben. Diese sollten beim ersten Familienrat allen vorgestellt werden.

Kommunikationsregeln für den Familienrat

- Zu Beginn wird ein Gesprächsleiter festgelegt, der für die Einhaltung der Kommunikationsregeln sorgt und die Themen sammelt.
- Probleme und Streitigkeiten haben immer Vorrang!
- Worüber Sie reden wollen, wird vor Beginn besprochen. Es geht darum, aktuelle Probleme zu lösen, nicht Streitereien, die schon lange schwelen, bei denen braucht es dann ein extra Konfliktgespräch unter Leitung einer neutralen Person.
- Legen Sie eine Zeit fest, die für alle passt.
- Führen Sie ein Stimmungsbarometer ein mit der Skala sehr gut – gut – schlecht – sehr schlecht.
- Jeder trägt sein Anliegen als Ich-Botschaft vor. So kann jeder hören – und am Verhalten sehen –, was der Sprecher denkt und was er empfindet.

- Niemand wird unterbrochen oder ausgelacht. Der Sprecher wird ernst genommen, auch die Kleinsten.
- Nach drei Sätzen gilt „Stopp", sonst wird es zu viel Information für die anderen Zuhörer.
- Die anderen oder ein Familienmitglied, das sich angesprochen fühlt, sagt, was es gehört hat und wie seine Empfindungen sind.
- Alle Teilnehmer hören zu, ohne zu werten. Das fällt anfangs allen schwer, denn schnell wird interpretiert, kritisiert oder abgewehrt.
- Jeder darf reihum zu Wort kommen.
- Vorwürfe werden sofort gestoppt und sollten in Wünsche verwandelt werden.
- Wünsche können ganz, nur teilweise oder auch gar nicht erfüllt werden.
- Wenn nicht alles gesagt und besprochen werden konnte, weil die Zeit um ist, wird dieser Punkt für den nächsten Familienrat aufgehoben, wenn er die ganze Familie betrifft (z. B. Freizeitplanung, Feste, Urlaub). Handelt es sich aber um einen Konflikt mit einem anderen Familienmitglied oder Schulkonflikte, sollte dafür möglichst bald ein Extratermin für ein Konfliktgespräch vereinbart werden.
- Das Gespräch sollte 30 bis maximal 45 Minuten dauern, solange bleiben alle im Raum!
- Telefonanrufe und die Türklingel werden ignoriert.

- Den Zeitpunkt des Treffens sollten Sie so wählen, dass die Kinder nicht zu müde sind, sonst lässt die Aufmerksamkeit zu schnell nach und es wird gequengelt oder abgelenkt. Je kleiner die Kinder, desto kürzer die Konzentrationsspanne.

Kinder, egal welchen Alters, fühlen sich im Familienrat ernst genommen, sie lernen sich immer besser auszudrücken und hören oft zum ersten Mal, wie ihre Eltern denken und empfinden. Das wiederum stärkt ihr Mitgefühl und den Gemeinschaftssinn. Eltern sind oftmals gehemmter als Kinder, offen zu reden, da ihre Gedanken schnell in die Vergangenheit oder in die Zukunft abdriften. Sie haben Angst, ihre Autorität zu verlieren, oder befürchten ausgenutzt zu werden. Für die Großelterngeneration wird es ungewohnt sein zu erleben, dass alle Beteiligten gleich behandelt und ihre Anliegen ernst genommen werden.

Lassen Sie sich von den vielen Regeln, die Sie beachten sollten, nicht abschrecken. Fangen Sie einfach an, es lohnt sich! Regelmäßige Zusammenkünfte der Familie mit offenen Gesprächen kommen Ihrer Gemeinschaft zugute und es wird weniger Konflikte geben.

Halten Sie sich immer wieder vor Augen: Das Familiensystem ist wie ein Mobile, gerät ein Teil ins Ungleichgewicht, betrifft es alle. Zeigen Sie Geduld und Verständnis, wenn es beim ersten Familienrat noch chaotisch zugehen sollte. Jeder muss sich erst an die Kommunikationsregeln gewöhnen, sie immer wieder üben. Als Gesprächsleiter sollten Sie ermuntern und immer wieder Hilfestellung geben. Bitte geben Sie nicht auf und kritisieren Sie nicht: „Das hat ja keinen Sinn mit euch, das bringt doch nichts." Besser ist: „Als Familie sind wir wie eine kleine Firma. Der Chef möchte, dass es allen Mitarbeitern gut geht. Nur so sind diese motiviert, ihre Arbeit gut zu tun und Regeln einzuhalten. Damit regelmäßig ein Austausch stattfinden kann, gibt es einmal in der Woche eine Teamsitzung. Ein Teammitglied übernimmt dabei die Gesprächsführung. So machen wir es zukünftig auch und fangen heute damit an."

WENN MITEINANDER REDEN NICHT MEHR HILFT

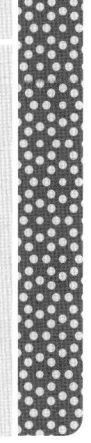

Trotz aller guten Vorsätze kann es in jeder Familie zu Spannungen kommen, die die Familie überfordern. Ist ein Miteinander nicht mehr möglich und wird nur noch gestritten, dann sollten Sie sich dringend fachliche Hilfe von außen holen. Wenn Reden nichts mehr hilft, ist Handeln angesagt.

Je nachdem, worum es geht, können Sie sich an die Schulsozialarbeiterin wenden, an eine Familienberatungsstelle mit Mediatoren, an eine kinderpsychologische Praxis oder an einen Familienpsychologen. Die Ursachen können so in einem emotionsfreien Klima aufgedeckt werden, Sie können gemeinsam nach Lösungen suchen.

Wenn Familien sich regelmäßig in einem Familienrat offen austauschen, der nach festen Kommunikationsregeln abläuft, ist das der bestmögliche Weg, Alltagskonflikte schnellstmöglich zu klären. Kinder lernen über diesen offenen Austausch, mehr Verantwortung für das Familiengefüge zu übernehmen, und erfahren, dass auch Eltern ähnliche Wünsche und Empfindungen haben wie sie selbst. Kinder lernen teamfähig zu werden, was sie in ihrer Clique und in der Schule gut anwenden können. Eltern fühlen sich in ihrer Erziehungsaufgabe nicht mehr alleine und werden zum Familiencoach. Das Motto sollte ab jetzt lauten: Miteinander, nicht gegeneinander! Dialoge statt Monologe!

Das faire Konfliktgespräch

Das faire Konfliktgespräch ist eine wunderbare Methode, um Konflikte zu klären, die nicht die ganze Familie, sondern nur zwei Personen betreffen. Die Gesprächsführung wird Ihnen auf den ersten Blick etwas ungewohnt vorkommen, daher erhalten Sie hier ein genaues Schema zur Durchführung. Wenn Sie es regelmäßig einsetzen, kann es eine sehr hilfreiche und praktikable Methode werden, um Konflikte zu klären – mit Ihrem Kind, mit Ihrem Partner oder auch mit anderen. Ganz nebenbei lernt Ihr Kind, konstruktiv und lösungsorientiert mit Konflikten umzugehen.

Bei sehr emotionalen Themen oder tiefer gehenden Beziehungskonflikten brauchen Sie einen Gesprächsleiter, der darauf achten soll, dass die Regeln eingehalten werden. Denn erfahrungsgemäß geraten die Beteiligten schnell in ein emotionales Fahrwasser, dann werden alle guten Vorsätze für ein faires Konfliktgespräch weggespült. Alte, destruktive Kommunikationsmuster wurden ja lange trainiert und an die Kinder weitergegeben. Neues Verhalten braucht Zeit und Geduld. Doch Übung und nochmals Übung führt zum Erfolg oder besser gesagt zu einer fairen Lösung des Konfliktes.

Reflexion

Als erstes ist es wichtig zu reflektieren, um welches Problem es sich handelt. Fragen Sie sich:

- Ist es ein Verhalten eines Kindes, das zu selten auftritt, wie Mithelfen, Aufräumen?
- Ist es ein störendes, unerwünschtes Verhalten, das zu häufig auftritt, wie Anschreien, nicht ins Bett gehen wollen, jede Nacht ins Schlafzimmer kommen?
- Handelt es sich um ein Verhalten, worüber ich mir Sorgen mache, wie ein Leistungsabfall in der Schule, Eifersuchtsreaktionen gegenüber einem jüngeren Geschwister, häufiger Rückzug oder zu viele Computerspiele?
- Welche Erwartungen habe ich gerade an mein Kind? Überfordere ich es oder verlange ich zu wenig?

- Kann ich auch erwünschte, positive Verhaltensweisen sehen und anerkennen?
- Welche Motive können hinter dem beklagten Verhalten stehen?
- Hat das mit meiner Person zu tun, mit dem Partner oder mit der Familiensituation?
- Bin ich gerade überfordert?
- Welche Stimmungslage zeigt mein Kind? Ist es depressiv? Ist es ruhelos und reizbar?
- In welcher Stimmungslage befinde ich mich gerade? Sorge ich gut für mich?
- Wie spreche ich im Alltag mit meinem Kind, destruktiv oder ermutigend?
- Wie sind gegenwärtig der Umgangston und die Stimmung in der Familie?

Mit dieser Selbstkommunikation wird nicht nur das Problemverhalten des Kindes analysiert, sondern auch die Gesamtsituation und das eigene Verhalten. Verhalten steht ja immer in Wechselwirkung. Im Zweiergespräch können diese Reflexionen dann als Vermutung angesprochen werden.

Rahmenbedingungen für das Konfliktgespräch

Konfliktgespräche zwischen Tür und Angel, nach dem Motto „Was ich dir schon lange sagen wollte", werden kein fairer Dialog sein, sondern im Streit enden. Ein reinigendes Gewitter kann manchmal heilsam sein, hat aber nichts mit fairer Konfliktlösung zu tun. Da lässt die eine Seite Dampf ab und die andere verzieht sich. Selbst wenn der Gescholtene Besserung gelobt, wird keine wirkliche Verhaltensänderung stattfinden, da die eigentlichen Gründe nicht aufgedeckt wurden.

Beide Gesprächspartner sollten maximal 45 Minuten Zeit haben, das ist Voraussetzung für ein erfolgreiches Gespräch. Bei emotional nicht belastenden Themen genügen oft schon 20 Minuten, um zu einer fairen Lösung zu kommen.

Bestimmen Sie einen Ort, an dem nicht ständig ein anderes Familienmitglied stört oder ein hoher Geräuschpegel herrscht. Ist man schon geübt, finden die besten Dialoge oft auf einem Spaziergang, im Auto oder im Bett statt!

Beide Gesprächsteilnehmer sitzen, stehen oder liegen so, dass sie sich sehen können, um auch auf die Mimik, Gestik und Körperhaltung achten zu können. Da wir überwiegend auf das Hören konzentriert sind, gehen oft wichtige Informationen verloren, wenn wir den anderen nicht anschauen.

Kinder im Grundschulalter benötigen noch viel Hilfestellung. Der Erwachsene sollte Geduld haben und dem Kind helfen, sich verständlich auszudrücken. Das erfordert dann doppelte Aufmerksamkeit, da der Elternteil auch auf seine Empfindungen achten muss, um nachvollziehbar zu kommunizieren.

Ablauf eines fairen Konfliktgesprächs

Als erstes beschreibt derjenige, der um das Gespräch gebeten hat (A), möglichst sachlich und genau, welches Verhalten ihn stört, warum es ihn stört, was es bei ihm emotional auslöst und wie er es gerne anders hätte. Er liefert also eine Beschreibung des Verhaltens und die Auswirkung dieses Verhaltens. Er kann auch gleich einen Wunsch nach Veränderung anhängen.

Sein Gesprächspartner (B) hört erst einmal zu.

Nach dieser Einleitung halten sich beide an das folgende Durchführungsschema. Dabei stellt man am besten eine Eieruhr auf 30 Minuten, danach bleiben noch 15 Minuten für eine Lösung und den Abschluss.

- A sagt B, was er als Problem sieht, und beschreibt das Verhalten.
- B wiederholt wortwörtlich, was er von A gehört hat.
- A sagt in Ich-Aussagen, was er bei dem Verhalten empfindet.
- B wiederholt, was er über die Wirkung seines Verhaltens gehört hat, er sagt in Ich-Aussagen, wie er darüber denkt und was er empfindet.
- A wiederholt, was er von B gehört hat, und sagt, was es bei ihm auslöst.
- B wiederholt, was er von A gehört hat, und sagt, was es bei ihm bewirkt.

- A macht einen Vorschlag zur Veränderung oder sagt, was er sich wünscht.
- B wiederholt den Vorschlag oder Wunsch und spürt nach, ob er diesen ganz annehmen oder erfüllen kann oder nur teilweise oder gar nicht. Er akzeptiert ihn oder macht selbst einen Vorschlag.
- A wiederholt die Akzeptanz oder den Gegenvorschlag und sagt seine Meinung dazu.

Nun werden wechselseitig Vorschläge gemacht, bis beide sich einigen können oder einen tragfähigen Kompromiss gefunden haben. Es geht niemals um eine perfekte Lösung!

- A sagt, wie er über diese Teillösung oder den Kompromiss denkt und was er empfindet.
- B wiederholt, was er von A gehört hat, und äußert seine Empfindungen dazu.
- A gibt B eine Anerkennung für das Gespräch.
- B gibt seine Anerkennung.

Haben A und B einen Kompromiss geschlossen, vereinbaren sie einen weiteren Termin für ein zweites Konfliktgespräch. Sie probieren die Veränderungen eine Weile aus und überprüfen danach noch einmal, ob der Kompromiss für beide tragbar ist. Sonst muss neu verhandelt werden.

Miteinander reden verbindet

Kinder, aber auch der erwachsene Gesprächspartner können sehr schnell ungeduldig und emotional reagieren oder in Widerstand gehen und den Wunsch des anderen erst mal ablehnen. Da ist dann viel Verständnis und Akzeptanz nötig, um nicht in das alte Muster mit Anklagen zu fallen oder den Widerstand persönlich zu nehmen. Es kann sein, dass sich hinter dem beklagten Verhalten des Gesprächspartners ein tiefer gehender Beziehungskonflikt verbirgt, dann sollte man einen Gesprächsleiter oder einen Helfer hinzuziehen. Muss das Gespräch vertagt werden, heißt das nicht, dass es eine Niederlage für eine der beteiligten Personen gab, sondern, dass beide umsichtig gehandelt haben!

Beide Betroffene bekommen Zeit für die Reflexion des Gesprächs und können ihr Verhalten beobachten und darüber neue Informationen erhalten. Selbst- und Fremdbeobachtung sind ein wichtiger erster Schritt zur Veränderung. Die anderen Familienmitglieder werden gefragt, das bestehende Problem wird offen behandelt. Die Eltern tauschen sich untereinander aus, ältere Kinder mit ihren Freunden. Alle neuen Aspekte zusammen ergeben oft eine neue Sichtweise und damit neue Lösungsmöglichkeiten. Geben Sie nicht auf, sondern üben Sie Konfliktgespräche immer wieder.

ÜBERTRITT – DIE RICHTIGE SCHULE FÜR IHR KIND

Nach der Grundschule setzen die Kinder ihre Schullaufbahn auf einer weiterführenden Schule fort, im deutschen Schulsystem stehen in der Regel Hauptschule, Realschule, Gymnasium und Gesamtschule zur Auswahl. Der Hauptschulabschluss wird nach insgesamt neun Schuljahren gemacht, der Realschulabschluss nach zehn Jahren und das Abitur nach zwölf bzw. dreizehn Jahren. An der Gesamtschule sind alle Abschlüsse möglich. In den meisten Bundesländern wechseln die Kinder nach der vierten Klasse auf die weiterführende Schule, in manchen, zum Beispiel in Berlin und Brandenburg, erst nach der sechsten Klasse. Die relativ neue Sekundarschule ist eine Zusammenführung aus Haupt- und Realschule.

Die meisten Schulen sind staatlich, befinden sich also in öffentlicher Trägerschaft. Darüber hinaus gibt es Schulen in freier Trägerschaft, häufig auch als Privatschulen bezeichnet. Dazu gehören die konfessionellen Schulen, Montessori- und Walddorfschulen, Internate, internationale Schulen sowie Schulen, die von privaten Initiativen gegründet wurden. Schulen in freier Trägerschaft haben zwar die gleichen Lehrpläne wie die staatlichen Schulen, sie besitzen aber mehr Freiheit in der Umsetzung.

Die Entscheidung für die richtige Schule ist meist nicht einfach, insbesondere wenn die Auswahl in der näheren Umgebung groß ist. Stress ist vorprogrammiert, vor allem wenn sich die Eltern über die Wahl der Schule nicht einig sind.

Das staatliche Schulsystem

Hat sich Ihr Kind in den Grundschuljahren zu einem kompetenten Schüler mit einer stabilen Persönlichkeit entwickelt, wird es ohne Probleme mit dem staatlichen Schulsystem zurechtkommen. Mit dem Übertrittzeugnis gibt es in der Regel eine Schulempfehlung der Lehrer, die mit den Eltern abgesprochen wurde. Dies ist eine Empfehlung, aber letztlich entscheiden die Eltern, welche Schule sie wählen.

Es ist nicht einfach zu beurteilen, wie sich das neun- oder zehnjährige Kind in den nächsten Jahren entwickeln wird und viele Eltern haben das Gefühl, dass die Schulentscheidung das ganze weitere Leben ihres Kindes bestimmt. Sie befürchten, den falschen Weg zu gehen, und haben

Angst, das Kind wird bald überfordert sein oder unterfordert. Ein Übertritt mit zehn oder elf Jahren bzw. nach einer fünften oder sechsten Klasse wäre einfacher und gerechter. Denn gerade Kinder aus sozial schwachen Familien brauchen oft länger in ihrer Entwicklung. Das ist von psychologischer und pädagogischer Seite längst bewiesen, jedoch mahlen die Mühlen im staatlichen Schulsystem langsam.

Versuchen Sie, die Leistungen und Fähigkeiten Ihres Kindes realistisch einzuschätzen. Der Austausch mit der Grundschule kann dabei helfen, da die Lehrer wissen, was Ihr Kind kann, unabhängig von den Noten, die ja nur Momentaufnahmen sind.

Schauen Sie sich die Schulen an, die für Ihr Kind in Frage kommen. In der Regel veranstalten die weiterführenden Schulen Info-Abende und Tage der offenen Tür, bei denen Sie sich zusammen mit Ihrem Kind ein Bild von der Schule machen können. Die Erfahrung hat gezeigt, dass ein Besuch vor Ort eine sehr gute Entscheidungshilfe ist. Sie bekommen ein Gefühl für die Atmosphäre, die an einer Schule herrscht, und Ihr Kind bekommt einen Einblick in das, was es erwartet. So kann der gut ausgestattete Chemiesaal, in dem die Kinder am Tag der offenen Tür mit einem engagierten Lehrer spannende Experimente machen können, den Ausschlag geben.

Schulen in privater Trägerschaft

Die Auswahl an Privatschulen ist in den letzten Jahren gestiegen. Daran zeigt sich die Unzufriedenheit mit dem staatlichen Bildungssystem, aber auch, dass die Eltern bereit sind, viel in die Bildung ihres Kindes zu investieren. Eltern, die ihr Kind vor einem weiteren Schulstress schützen wollen, tendieren zu privaten Schulen, aber auch Eltern mit Kindern, die Teilleistungsstörungen haben, wollen den Notendruck vermeiden und melden ihr Kind an einer Montessori- oder Waldorfschule an.

Private Schulen kosten Geld, in der Regel wird es nach dem Einkommen der Eltern berechnet. 500 Euro im Monat sind die untere Grenze. Für private Internate, wie das berühmte Salem, können die Kosten auch mal 3000 Euro im Monat betragen. Das ist für wohlhabende Eltern, die wenig Zeit haben und sich eine Rundumbetreuung für ihr Kind wünschen, oft die Schule der Wahl. Für besondere Begabungen gibt es Sport- oder Musikinternate. Damit übergeben Eltern die Erziehung ganz in die Hände der jeweiligen Institute.

Dies sind die Vorteile freier Schulen:

- Freie Schulen sind an den Lehrplan gebunden, jedoch nicht an Zeitfenster, so kann entspannter gelehrt und gelernt werden. Am Ende müssen die Schüler das Gleiche können wie in der Regelschule.

- Die Lehrer an Privatschulen haben aber oft mehr Gestaltungsfreiräume, um eine am Kind statt am Lehrplan orientierte Pädagogik zu realisieren.
- Die Klassen sind oft kleiner, es findet mehr Gruppen- und Projektarbeit statt.
- Es wird viel Wert auf die Entwicklung der Gesamtpersönlichkeit gelegt, zwischen Schule, Lehrern, Schülern und Eltern entsteht ein Wir-Gefühl.

Viele Wege führen zum Ziel

Sollte Ihr Kind den erhofften Übertritt auf das Gymnasium oder auf die Realschule nicht schaffen, weil es am Notendurchschnitt scheitert, bleiben Sie gelassen. Es gibt viele Wege, um zu einem anerkannten Abschluss oder einer Hochschulreife zu kommen. So können Realschüler nach der zehnten Klasse auf eine Fachoberschule wechseln und damit die Fachhochschulreife erlangen. Geeignete Hauptschüler können den Realabschluss machen und dann ebenfalls auf die Fachoberschule gehen. Jugendliche, die eine dreijährige Lehre erfolgreich absolviert und die Gesellenprüfung gut bestanden haben, können sich für einen Bachelor-Studiengang an einer Fachhochschule eintragen. Wer seinen Meister macht, kann sich danach an einer Universität bewerben. Viele große Firmen bieten eine duale

Ausbildung an, das ist eine Berufsausbildung mit dreijähriger Verpflichtung, dafür finanziert der Arbeitgeber eine Weiterbildung mit Abschluss.

Also machen Sie sich und Ihrem Kind bitte keinen Stress, sondern lassen Sie es in seinem Tempo lernen. Viel wichtiger als die Schulform ist die Freude an der Schulausbildung und beim Lernen. So kann der ehemals schlechte Grundschüler ein guter Lehrling werden und später mit seinem Meisterbrief in der Tasche studieren, während der gestresste Gymnasiast, der sich auf Drängen seiner Eltern mit Hängen und Würgen zum Abitur schleppte, sich dafür entscheidet, eine Lehre zu machen und später sein Handwerk erfolgreich und mit Freude ausübt.

Für das Leben lernen wir – nicht für die Eltern!

SCHLUSSWORT

Die Einschulung ist für Kinder wie für Eltern ein großer Einschnitt in das Familienleben. Die oft schon knappe gemeinsame Freizeit wird jetzt noch weniger. Schon sechs- bis siebenjährige Schulkinder bekommen den gesellschaftlichen Druck, den Ehrgeiz und das Erfolgsdenken der Eltern zu spüren. Die Kinder sollen in der Schule und auch zu Hause funktionieren und sich ohne großen Widerstand anpassen.

Doch häufig verweigern sich die Kinder, entwickeln Stresssymptome, zeigen Lern- und Leistungsstörungen und funktionieren nicht so, wie ihre Eltern sich das wünschen. Konflikte sind an der Tagesordnung, Kinder und Eltern wechselseitig frustriert. Die meisten Eltern haben sich Erziehung nicht so anstrengend vorgestellt.

Die in diesem Ratgeber vermittelten lern- und kommunikationspsychologischen Erkenntnisse sollen den Blick der Eltern und Erzieher schärfen und die Geduld fördern, um Lernblockaden und seelische Störungen zu vermeiden. Konflikte sind zwar an der Tagesordnung, sollten und können aber fair gelöst werden. Das tägliche Miteinander, Leben und Lernen sollte lebendig und wertschätzend geschehen und Spaß machen.

Bibliografische Information der Deutschen Nationalbibliothek
Die Deutsche Nationalbibliothek verzeichnet diese Publikation in der Deutschen Nationalbibliografie; detaillierte bibliografische Daten sind im Internet über http://dnb.ddb.de abrufbar.

ISBN 978-3-86910-633-5 (Print)
ISBN 978-3-86910-715-8 (PDF)
ISBN 978-3-86910-716-5 (EPUB)

Die Autorin: Seit vielen Jahren liegt der Arbeitsschwerpunkt der Diplom-Psychologin Doris Heueck-Mauß auf den Themen Entwicklung des Kindes, menschliches Verhalten und Kommunikation. 1974 machte die Münchnerin an der Universität München ihr Examen in klinischer Psychologie und arbeitete danach mit sozial-emotional gestörten Kindern im Kinderzentrum München (Professor Th. Hellbrügge). Seit 1997 ist sie im Münchener Familienkolleg als Psychologin mit den Schwerpunkten Präventives Elterntraining „PET" sowie Fortbildungsseminare in Verhaltens- und Kommunikationstraining tätig und betreibt nebenbei seit 1982 eine eigene psychotherapeutische Praxis. Für Aufsehen sorgte sie mit Vorträgen in Kindergärten und Münchner Grundschulen zu den Themen Entwicklung und Erziehung vom Vorschulalter bis zur Pubertät. Doris Heueck-Mauß ist Bestseller-Autorin der Ratgeber „Das Trotzkopfalter", „So rede ich richtig mit meinem Kind" und „Stressfrei durch die Vorschuljahre".

Originalausgabe

© 2015 humboldt
Eine Marke der Schlüterschen Verlagsgesellschaft mbH & Co. KG,
Hans-Böckler-Allee 7, 30173 Hannover
www.schluetersche.de
www.humboldt.de

Lektorat:	Annette Gillich-Beltz, Essen
Covergestaltung:	Kerker + Baum, Hannover
Coverfoto:	Marvett Smith – gettyimages
Satz:	PER Medien+Marketing GmbH, Braunschweig
Druck:	Grafisches Centrum Cuno GmbH & Co. KG, Calbe